德育理论探新丛书

范树成◎主编

智慧德育论

姜　浩◎著

中国社会科学出版社

图书在版编目(CIP)数据

智慧德育论／姜浩著．—北京：中国社会科学出版社，2021．3
(德育理论探新丛书)
ISBN 978-7-5203-7804-8

Ⅰ．①智…　Ⅱ．①姜…　Ⅲ．①德育—研究　Ⅳ．①G41

中国版本图书馆 CIP 数据核字(2021)第 018338 号

出 版 人　赵剑英
责任编辑　周慧敏　任　明
责任校对　王　龙
责任印制　郝美娜

出　　版　中国社会科学出版社
社　　址　北京鼓楼西大街甲 158 号
邮　　编　100720
网　　址　http：//www.csspw.cn
发 行 部　010-84083685
门 市 部　010-84029450
经　　销　新华书店及其他书店

印刷装订　北京君升印刷有限公司
版　　次　2021 年 3 月第 1 版
印　　次　2021 年 3 月第 1 次印刷

开　　本　710×1000　1/16
印　　张　12.75
插　　页　2
字　　数　207 千字
定　　价　85.00 元

总　　序

无论人们如何理解和界定德育，德育总是在一定的时间、空间条件下，在德育理念的指导下，教育者运用一定的策略与方法，引导受教育者内化德育内容，并将其外化为相应的行为习惯的过程。因此，德育的时间（时机）与空间、内化与外化、具体的德育理念与策略方法便成为德育理论研究与实践必须关注的最基本问题之一。鉴于此，我在指导博士生论文选题和研究过程中，有意识地引导他们围绕这些德育理论与实践问题确定选题和进行研究。经过十多年的不辍耕耘、辛勤劳作，终于结出了硕果。今天呈现在大家面前的这套《德育理论探新丛书》便是这一努力的成果。

当前，我国德育改革不断深入，德育实践进一步发展。在德育理论与实践中，一些旧的问题尚未解决，而且在新的时代条件下这些问题还呈现出新的表现形式；同时，与时代发展相伴随，又出现了一些新的问题。这些问题都需要我们去探讨、去研究，提出解决这些问题的时代对策，促进这些问题的解决，推动德育理论与实践的进一步发展。

德育是我们这个时代的一个重要话题和课题。德育理论及其研究随着时代的变迁而变化和发展，具有鲜明的时代特征。理论是行动的先导，德育实践的发展需要德育理论的引领。要实现德育理论的引领作用，就必须从学理上对德育中的课题进行新的探究，对这些课题作出新的回答。本套丛书就是我们对这些课题作出新回答的一种尝试。本套丛书围绕德育在什么时间（时机），什么场所（空间），以何种理念为指导，采用什么样的策略与方法，以什么为目标进行才能取得理想的效果，来确定选题和研究思路，对当代中国德育的一些基本理论、基本问题进行新的研究，主要包括德育时间与空间、德育内化与外化，礼仪教育、榜样教育、智慧德育、道德智慧培养、导育等，内容具有广泛性。本套丛书力图对这些基本的理论问题和实际问题，从不同维度和视角，运用不同的方法和言说方式作出体现时代特征、符合德育规律的回答。

这套丛书力求体现以下特色。

创新性。德育理论和实践呼唤创新，德育理论研究贵在创新，德育实践同样需要进行创新，需要在新的德育理论指导下突破传统的、低效的德育束缚。因此，本套丛书并不寻求建构系统的理论体系，而是着眼于在德育理论与实践领域的某一方面有所创新。因此，从选题到具体内容均以提出新的观点和新的见解为追求。在这些著作中，有的选题学者很少研究，选题本身就具有创新性；有的选题虽然是老的话题，已有一些研究，但是人们很少作为一个专门的研究课题进行系统、深入的学理探讨；有的课题虽已有一定的研究，但是这些课题是常探常新的。本套丛书试图对这些问题运用新的理论与方法，从新的视角，根据时代的特征，提出新的观点和看法。

实践性。德育理论是一门实践性很强的理论，是一种实践理性，德育理论研究旨在服务于德育实践。因此，本套丛书虽然注重德育理论的形而上的研究，注重德育基本理论的探讨，但是，本套丛书从选题到具体内容都力求做到理论联系实际，对选题进行形而下的研究，对德育实践进行深刻的反思，并提出具体的德育实践策略，以为德育实践提供具体的理论指导。

开放性。开放是创新的必要条件。本套丛书根据研究与创新的需要，尊重作者的创作自由，从选题到研究范式与方法，从研究思路到框架结构等方面均坚持开放性，不追求形式上的一致。本套丛书的作者努力解放思想，冲破传统思维方式和观念的束缚，提出了自己的新观点、新看法。

反思性。在当代中国，从党和政府到学界都高度重视德育理论与实践。国家和社会投入了大量的人力、物力和财力进行德育，然而德育的实效性却常常遭到人们的质疑、诟病。是何种原因造成了此种状况，如何扭转这种现状，是本套丛书非常关注的一个问题。本套丛书根据研究的主题运用不同的视角对我国德育现状进行审视，从理论依据、指导思想、操作理念、实践策略等多维度反思造成这种状况的深层次原因，以求提出具有针对性的对策。

本套丛书，除了我的《德育中的道德智慧培养研究》一书外，均是我指导的博士生在其博士学位论文的基础上精修而成的。尽管每部专著的作者研究基础不同、学术造诣不同，但是他们都在力所能及的范围内尽了最大努力，对自己研究的课题大胆探索、缜密思考、严谨论证、勇于创新，为本套丛书的出版贡献了自己的智慧。

我们愿借本套丛书的出版求教于专家、同人，同时我们也期待本套丛书有助于推进我国德育理论研究和德育实践的进一步发展。由于我们的理论水平和认知能力有限，书中难免有缺点、不足甚至错误，祈请各位专家、同人指教。

本套丛书的出版，得到了原河北师范大学法政学院领导的大力支持，任明编审为本套丛书的出版倾注了大量的心血，在此一并表示真挚的感谢。

范树成

2016 年 1 月 20 日

于河北师范大学

目　录

绪　论

近年来，我国德育理论不断发展，学校德育整体面貌有了显著提升。但是，我们要清醒地认识到，当前我国学校德育还存在不少问题，德育的魅力和活力并没有完全释放出来，一些德育活动的僵化、死板使学生感到厌烦，一些教育者片面强调道德知识的传授而忽视了学生道德智慧的培养。因此，我们必须从智慧的视域对现行德育进行深刻的反思，这时，智慧德育便成为我们研究的课题。

第一节　问题的提出及研究意义

当前德育理论与实践虽然取得了巨大发展，但仍存在着许多问题。造成这一现状的根源之一就是学校德育割断了其智慧的本源，失去了智慧的品性。对德育本真的追寻既是德育研究者一种孜孜不倦的态度，更体现出研究者通达理智的品质。在不断地反思与总结中，学校德育逐渐走上探寻智慧、追求智慧之路。

一　问题的提出

（一）德育的本真追问

教育是塑造学生灵魂的艺术，它影响着学生的心灵。教育使人之为人，促进人的发展与完善。教育“是人与人精神相契合，文化得以传递的活动”①，“是人对人的主体间灵肉交流活动（尤其是老一代对年轻一

① ［德］雅斯贝尔斯：《什么是教育》，邹进译，生活·读书·新知三联书店1991年版，第2页。

代），包括知识内容的传授、生命内涵的领悟、意志行为的规范，并通过文化传递功能，将文化遗产教给年轻一代，使他们自由地生成，并启迪其自由天性”①。教育的最终目的不是获取知识，而是要使学生获得智慧。人是教育永恒的主题。认识教育必须从人的生存状况、认知反应以及所生存的时代精神着手，教育的真谛就是培养完整的人，使人能够智慧地生活。

由教育来理解德育，我们认为德育是为人的，也是人为的。德育是人与人心灵的一种沟通，它是使人向善的，促进人德性的健康发展，为创造人的幸福生活服务。学校德育不是冷冰冰的、令人望而生畏的过程，而应是让人倍感亲切，充满生机和活力，洋溢着激情的神圣事业。学校德育要坚持以人为本，要以学生为目的、主体、出发点和落脚点，培养学生健康完善的道德人格，培育学生的道德智慧。道德是充满了智慧内涵的，智慧是德育本身的内在属性，是德育存在和发展的支撑。德育在本质上蕴含着深刻的智慧品性，其本真意义在于启发学生智慧地思考，过上道德的生活。只有智慧的德育才能培养出智慧的学生，才能使学生的道德智慧得以成长。缺乏智慧的德育是僵死的，是压抑学生灵性的德育。德育应该是教育者运用自己的智慧通过充满智慧的德育方式来培养学生的道德智慧，使学生超越客观知识的宰制，获得智慧的生存方式，让学生过上幸福的生活，实现真正地成长。德育的根本旨归是培养学生的道德智慧，让学生过上充满智慧的道德生活，智慧地解决生活中的各种道德问题。在德育过程中，教师以高尚的品格、深刻的思想、真挚的情感践行德育的使命和责任，培养学生完满的个性，促进学生健康、和谐地发展。总之，德育是充满了智慧的实践活动，智慧是德育的本质属性。

（二）失落了智慧品性的当代德育

以智慧的视角反观德育，无论是本质认知和价值追寻，还是理论构建和实践操作，学校德育在很大程度上失去了其应有的智慧本性。简单化的认知与复杂的德育现象出现背离，德育的工具理性对价值理性形成了僭越，人们过分关注现实而放逐了理想。随着现代化的发展，在功利化、技术化、工具化的冲击下，学校德育失去了生机和活力而变的死气沉沉，失去了德育应有的创造性、灵活性和艺术性，最终走错了道路，迷失了方

① ［德］雅斯贝尔斯：《什么是教育》，邹进译，生活·读书·新知三联书店1991年版，第3页。

向，失落了智慧的品性。

当前，我们把学校德育习惯地当成道德知识的传授，并以此作为德育唯一甚至是最高的目标。作为教育者，我们竭尽全力地把尽可能多的道德知识灌输到学生的脑子里，而学生也在高压下恨不得把所有的道德知识储存在脑海之中。至于这些道德知识与学生的道德经验、道德生活有没有关系，学生们是否通过这些知识使道德能力得到提高、道德智慧得到提升、道德人格得以形成，却是许多教育者置之不理的。而事实上，道德知识的传授仅仅是学校德育的基本目标。除此之外，学校德育应有更高的目标和价值追求，例如，修德启智，培养完满人格，追求幸福生活等。学校德育不应只是机械地往桶里灌水的过程，更是不断向外流淌创造之泉的过程。现行学校德育正是用对道德知识的追求淹没了学生对道德智慧的渴望。

学校德育在功利化、技术化色彩的映照下，很大程度上失去了智慧的光辉，就如怀特海所说，“理想沉落为实际”。学校德育以社会即时需要为指向，以内容为中心，重认知、灌输和强制，片面强调外在实用而忽视本体价值，重视德育的即时功效，忽视其长期效益。当前德育只是为社会利益所服务，德育目的是功利的，它忽视了德育对学生个体智慧的开发；德育方法也是功利的，它只是按部就班地按照社会要求，向学生灌输不同的知识，使德育变得僵化死板，看不到智慧的踪影。功利化德育只重视其社会作用而忽视对人的价值关怀，即使对人有所关注，也只是关注到人的道德理性层面，却对于人的道德非理性因素视而不见。德育过程缺乏主体性，重视认知课程而忽视活动性课程，德育理论研究脱离生活实际，最终导致其陷入了功利化的陷阱。雅思贝尔斯指出：“人们所理解的教育只是将青年人培养成有用之才。当某一科学被运用于经济之中时，这门科学马上身价百倍，人们为了获利，纷纷追求它，并在学校中推广这一学说。研究者和教师也以此要求编入新教材中。”① 此外，在唯科学主义影响下，各种德育理论力争化繁求简，即试图抓住德育简单而固定的本质和规律来指导德育实践。人们过度执着于通过严密的逻辑思维对德育现象进行理性探索，试图找出一条“一劳永逸”的科学之路，形成“以不变应万变”的工作模式。具体实践中，人们追求德育程序化、规范化、精确化、标准

① ［德］雅斯贝尔斯：《什么是教育》，邹进译，生活·读书·新知三联书店1991年版，第49页。

化、统一化。我们现行的德育基本上是统一的教材、固定的教学目标、规范的教学模式……人们对待道德、德育始终自觉或不自觉地持一种机械有序的观点，认为它就如同自然界的精密仪器，会按照其固有的逻辑秩序运行。而事实上，标准的德育理念和规范的德育模式并不能达到我们所预期的、同质的目的。德育本身是一个复杂的系统，影响德育的因素也具有多样性。因此，德育并不是完全可预测的，具有非线性、随机性和不确定性等特质。用简单化的思维模式来应对复杂的德育现象，必然是不明智和缺乏智慧的。学校德育远离了个性，就像标准化的模具生产，成为“麦当劳”式的德育。我们到学校看一看，所有的学生坐得端端正正，手背在后面，一个声音甚至一种声调地背诵着社会主义核心价值观的二十四字内容，顺序都不允许错。学校德育变成了一种记忆之学、机械之学，它的唯一功能就是让学生把社会道德规范和道德知识的每一句话都牢牢记住，它赖以生存的基础是权威、记忆和考试。现行德育就像是工厂里的标准件加工，其“生产”出的许多学生不善思考，没了个性，失去特长，丧失活力。事实上，多样化才形成智慧，一旦抹杀了个性，就毫无智慧可言。一种德育，如果不能让每一个学生都充分张扬个性，成为他自己而不是别人，那么这种德育必然是远离智慧的。

基于上述德育乏智的分析，我们提出了智慧德育，旨在彰显德育追求智慧、重视个性、尊重生命的内在品质，探求通过教师的智慧，采取机智性、创造性、灵活性和艺术性的德育方式来培养学生的道德智慧。

二　研究的意义

（一）理论意义

本书在已有德育理论的启发下，从智慧的视角，来研究德育的本质、价值和实践等一系列基本问题，提出自己的见解，这对于完善德育理论具有一定的意义。

首先，丰富德育理论的内容。智慧、道德智慧、智慧德育、德育智慧、德育复杂性、科学德育、德育机智、德育的智慧品性等是以往的德育理论没有或较少研究的，本书对这些德育理念、德育范式等进行研究，提出自己的观点，无疑会为德育理论宝库增添新的内容。

其次，拓宽德育理论研究的视野。现有的德育理论对智慧德育研究很少。本研究将突破现有德育理论框架，将其较少关注的问题纳入研究视域，从而有助于拓展德育理论研究的领域。

最后，夯实德育理论的哲学基础。本书内容从哲学的角度论证德育的存在基础与价值走向，从道德哲学、现象学、复杂性科学等角度探讨智慧德育的理论基础，对智慧德育进行寻根究底的哲学性思考，从而有助于夯实德育理论的哲学基础。

（二）实践意义

本书提出的体验、感悟、反思和实践等理念，体现了德育本身的智慧属性。教育者在上述理念的指导下，通过科学性、艺术性以及灵活性的教育方式来培养学生的道德智慧，这对于学校德育实践具有较强的指导意义。

第一，有助于帮助教师更新德育理念，形成德育智慧，提高学校德育工作的效果。以智慧德育理念指导德育实践，可以使德育实践符合德育过程的本质、规律与学生德性形成的规律。在具体实践过程中，教师运用智慧，机智地、灵活地、创造性地开展德育教学，能够使德育实效性得到提升。

第二，有助于学生形成良好的道德人格。现行德育只是让学生掌握了一些道德知识，而没有形成道德自由和道德智慧。本书提出的智慧德育将立足对学生智慧和能力的培养，实现学生自由全面地发展，帮助学生过上幸福的生活，形成良好的道德人格。

第三，有助于使德育走出误区，实现德育的返本归真。智慧德育的实施将有助于克服以知性德育、道德灌输、形式主义德育等为代表的现行德育的弊端，恢复德育的智慧品性，实现由“失真”德育向“本真”德育的转变。

第四，有助于提高德育的吸引力、感染力。本研究有助于学校德育实现理与情、德与智、感性与理性、科学世界与生活世界的结合，让德育过程充满人情、关怀、理解的气息，使学生体验到满足、快乐、幸福，从而使德育成为学生乐于参与的活动。

第五，有助于使德育成为真正“道德的”教育。现行的灌输式德育、驯服式德育本身就是不道德的。智慧德育有助于使德育目标、德育内容生活化、真实化，避免假大空；使德育过程与方法避免压服、灌输；使德育评价标准、内容、方法注重德知与德行的统一，从而使学校德育成为“道德的”教育。

第二节 国内外研究现状评述

当前国内外专门针对智慧德育的研究并不多，涉及这一问题的研究也不系统、不完整。但是关于教育与智慧关系的研究有一定的数量，一些相关的德育理论也或多或少地体现出了德育的智慧品性。下面对与该题有关的研究现状从国内外两个角度进行陈述。

一 国内研究现状

（一）智慧教育相关理论的研究

德育和教育是一体的，没有德育的教育称不上教育，德育是教育的最高形式。因此，有关智慧教育的理论，对智慧德育理念具有重要的参考价值。

田慧生教授和一批教育理论研究者在其《教育智慧与智慧型教师研究丛书》中，开门见山地提出时代呼唤智慧教育及智慧型教师，教育智慧是一种品质、精神和境界。当前学校教育教学缺少教育智慧，现行的教育教学体制和模式不仅阻碍了学生智慧水平的提高，也限制了教师教育智慧的生成。刁培萼、吴也显教授把对“智慧型教师”这一概念的内涵挖掘及相应的教学行动研究结合起来，深入探讨了在当前社会处于忙碌、紧张的功利背景下，教师如何走出缺乏教育智慧的困局，如何在实践与理论的融合中全面提升自身的教育智慧水平。王枬教授提出智慧教育呼唤智慧型教师，并从智慧型教师的特征、表现以及生成等方面，对智慧型教师进行了解读。高伟教授则从哲学的视角分析了当代教育的精神状况，指出教育不能离开生活，教师的教育智慧与生活世界有密切的关系，教学要回归生活，智慧型教师是在教学生活中形成的。整体来看，本套丛书是站在智慧型教师的角度，以智慧为本，来定义教育和教师工作的价值和形式，并以此为突破口进行教育理论的创新，阐发智慧教育理论，具有较高的理论和实践意义。然而智慧教育是一套系统全面的理论，除了从教师角度阐发外，还有很多其他方面。

除了田慧生等学者的这套丛书外，靖国平教授关于智慧教育的成果也比较集中。他指出所谓教育就是通过知识引导人的智慧成长的艺术，教育的目的是智慧，教育的实践充满了智慧的艺术。但是他的相关理论更多的是从知识与智慧关系的角度展开论述，对影响智慧教育的其他因素没有更多的关注。山西的张一笑校长主编的《智慧教育丛书》以陶行知教育理论和钱学森大成智慧思想为依托，指出学校教育不仅是知识的传授，更要注重学生能力的提高，要将知识与技能结合起来。同时，智慧教育要突出智慧的重要性，智慧的培育需要系统化的过程，学校教育要针对这个过程进行专门的研究和科学的管理。刘吉林教授在其著作《教育智慧引论》中强调教育的真谛就在于启迪智慧。教育在本质上蕴含着深刻的智慧品性，只有智慧教育才能培养出智慧的学生。缺乏智慧的教育是僵死的，它压抑了学生的灵性与创造性。

除此之外，其他学者也从不同的角度对智慧教育进行了论述，对智慧教育的解读有着不同的侧重点。总的来说对于智慧教育的研究分为两类：一是为了智慧的教育；二是以智慧的方式开展教育。教育目的与教育方式的契合，彰显了教育的智慧光芒。智慧教育理论的价值取向和方法论原则对于本研究有着重要的参考价值，但我们并不能就此认定智慧教育就等于智慧德育。德育除具备教育的一般属性外，还具有其特殊的性质。上述理论虽对本研究有着重大的启示，但是并没有突出德育自身的固有特点。因此在借鉴上述理论的过程中，还要充分挖掘道德及德育的本质，这对于本书研究至关重要。

另外，还要说明一点：除了上述列举的智慧教育的相关理论成果外，还有相当一部分关于智慧教育的研究是停留在智慧的表层，或者偏重于技术性一面。这里的智慧含义，就如同智慧型城市中智慧的含义一样，可以理解为信息化、智能化或者数字化。这与我们提到的有着更为广泛和深刻内含的智慧含义不同，因此此类智慧教育研究成果与本题研究关系不大，故不予阐述。

（二）道德智慧及其培养研究

我国有关道德智慧理论的研究不在少数，其中成果较多的当属吴安春教授。她认为道德智慧是关于人的生存、生活和生命的智慧，它能够使人们知人、知物、知己，使人与自然、人与社会、人与人和谐相处。她还提出，道德智慧表现为宇宙道德智慧、生活道德智慧、生命道德智慧、人生道德智慧四种形态。[①] 除此之外，卞敏教授在《哲学与道德智慧》一书中

---

① 吴安春：《论道德智慧的四种形态》，《教育科学》2005 年第 2 期。

指出：道德智慧作为哲学慰藉的终极关怀，是人们共同的精神家园。向玉乔教授遵循着经过反思来进一步深化认识，进而经过批判、实现、超越这样一条逻辑思路，指出道德智慧是一种道德形而上学智慧，也是一种实践理性智慧。它引领人类的道德生活。钱广荣教授论述了道德价值实现与道德智慧的关系，指出道德智慧能够促使道德价值的实现，道德价值的实现取决于德性与智慧的统一。湖南师大张楚廷先生对道德智慧也有着深刻的见解。他从道德与智慧的关系角度入手来分析道德智慧，指出道德智慧的关键在于“善于善”，即要学会并善于实施道德行为。同时他指出道德智慧的习得除了通过书本上的学习，还要通过现实去知晓，从经验中获得体验。黄富峰博士在其著作《德育思维论》中提出，道德智慧是思维着的德性，他分析了道德智慧的构成要素和道德智慧的特点，并指出培养道德智慧是道德教育的最高目标。

除了对道德智慧的普遍研究外，许多学者还专门针对学生的道德智慧培育进行了研究。例如，李清雁、易连云教授在《儿童道德智慧的养成》一文中，分析了当前儿童德育中道德智慧缺失的现状、原因，并提出了儿童道德智慧培养的路径，其中重点强调了由机械的训诫式培养到灵活的情景式培养的重要性。安瑞霞教授指出道德智慧生成的关键是实践活动，应当让学生在轻松愉悦的环境中开展实践活动，逐渐形成学生的道德智慧。张茂聪研究员强烈呼吁道德教育回归生活世界，时代呼唤着道德智慧的回归。他认为道德智慧是道德教育的灵魂与核心，一件件鲜活生动的道德事件是学生道德智慧生成的源泉。曹树教授致力于高校德育研究，他把道德智慧的生成当成高校德育的主题，并对现行德育模式中智慧品性的缺失进行分析，最后提出要经过反观内省、生活实践、道德体验等方式来培养大学生的道德智慧。人民教育出版社的赵昕则对德育课程的课堂教学进行了反思，提出德育课程必须要启迪学生的道德智慧。因此，现行德育模式要实现培养学生道德实践能力和关注学生自主意识、独立人格培养两个转变。

总体来讲，各位学者把道德智慧定位在对宇宙价值、人生意义和生存本身的整体把握上，认为道德智慧是使人们智慧地生存和发展的形而上的思考，是生活世界中的人对人生之道进行反思的一种具有统摄性、融通性的领悟力。对于培育学生道德智慧的重要性和实践途径也从不同的角度进行了论证，认为道德智慧是在生活中，在实践中形成的。大家对道德智慧以及道德智慧培育的认识非常到位，对德育目的认识非常深刻。不足之处是对于道德智慧与现实生活的联系论述较少，对于道德智慧在实际生活中的运用探讨不多。另外，在培育学生道德智慧方面大家意见较为一致，把道德智慧作为道德教育的目标，这一点是明确的。但是，对于如何智慧地实施德育，有关研究既不系统，也不完善。

二 国外研究现状

在理性光辉的映照下，西方在德育研究领域，形成了一系列影响甚广的理论，这为我们认识德育，开展德育提供了重要借鉴。西方虽然没有明确提出智慧德育的理念，但相关著作的思想中已经反映出德育的智慧特征。

（一）西方现代德育理论关于学生道德能力培养的研究

第一，道德认知发展理论强调培养学生的道德判断能力。道德认知发展理论由瑞士学者皮亚杰和美国学者科尔伯格等人创建。该理论重点关注儿童的道德思维能力和判断能力，主张学校德育应通过激发儿童的积极思考，促进他们的思维向更高阶段发展。其中，对儿童道德判断发展的研究又以皮亚杰和科尔伯格的道德发展阶段理论最具有代表性。道德判断是运用个体已有的道德概念以及道德认知对自己或别人的行为进行判断和推论的过程。皮亚杰将儿童的道德判断发展分为四分阶段：自我中心阶段、权威阶段、可逆阶段和公正阶段。到了科尔伯格，他把儿童道德判断分为前习俗水平（服从于惩罚的道德定向阶段、相对的功利主义的道德定向阶段）、习俗水平（人际和谐的道德定向阶段、维护权威或秩序的道德定向阶段）和后习俗水平（社会契约的道德定向阶段、普遍原则的道德定向阶段）三个水平六个阶段。一般说来，儿童的道德判断发展趋势为：首先，从受外部条件制约过渡到受内部道德认知的制约；其次，从注重行为效果过渡到注重行为动机，并把二者相结合；再次，从关注行为的后果到关注行为或后果的性质；最后，判断的独立性日渐发展，并有一定的批判性。总之，儿童的道德判断能力是在社会生活过程中受舆论熏陶和教育影响而逐步形成和发展的，随着儿童心理的进一步发展，其道德判断也进一步趋于科学和深刻。

道德认知发展理论强调培养学生的道德判断能力，体现了现代德育的智慧理性光芒。他们反对将预定的道德品格通过无生气的方式灌输给儿童，强调儿童道德的自主建构，重视儿童道德由内而外地生长和发展，注重儿童自我教育的作用。道德认知发展理论由关注道德知识到关注道德能力体现了德育的智慧品性。因为道德判断能力，本身就是学生道德智慧的体现。但是道德认知发展理论过于重视道德形式，而忽视了在现实生活中，在人类文明的演进中所形成的道德内容。道德认知发展所强调的道德判断能力是儿童道德水平发展的必要非充分条件。人的品德构成要素除了道德认识、道德判断外，还包括道德情感、道德实践等重要方面。因此道德认识发展理论对道德现象缺乏完整的理解，不足以建立一套完整的关于道德发展的理论。

第二，价值澄清理论强调培养学生的价值观选择能力。价值澄清理论出现于20世纪60年代，是美国当代道德教育中流行广泛的德育理论与改革尝试。主要代表人物有路易斯·拉思斯、梅里尔·哈明、悉尼·西蒙以及霍华德·柯申鲍姆等。价值澄清理论认为，价值是个人的而不是社会的，道德教育不是给学生灌输某种既定的规范，每个人都可以根据各自的价值观去选择，德育只能是让学生学会怎么选择，而不是选择什么。只要我们关心价值，就必须乐意给儿童选择的自由。简而言之，强迫的选择根本算不上是选择。价值不可能从威逼利诱的选择中产生。[①] 学校应该通过让学生学会价值选择帮助他们减少价值观的混乱，使他们能够为自己的行为负起责任，厘清自己的价值观念，从而使其行为与价值观念相互协调，让他们在选择、珍视、践行价值观的过程中，提高分析和处理各种道德问题的能力。

价值澄清理论在某些方面弥补了传统德育理论与德育方法的不足，以其现实性、实用性而受到人们的重视。它提倡尊重学生，重视让学生根据已有的生活经验进行价值选择，这有助于学生价值选择能力的培养，在客观上启迪了学生的心智。价值澄清理论提倡培养的价值选择能力，就是学生道德智慧的重要组成部分。但是价值澄清理论在对儿童道德选择能力的培养上，主张教育者放弃对学生的引导，无助于学生正确价值观的形成；价值澄清理论忽视道德教育内容的传授，不利于学生价值选择能力的形成。同时，价值澄清理论把价值的形成立足于个人的自由选择，把相对主

---

① Raths Louis. Values and Teaching: *Working with Values in the Classroom*, Columbus, Ohio: C. E. Merrill Pub Co., 1978, 57.

义价值观作为方法体系的基础，否定社会的客观价值标准，这必然导致学生自以为是，各行其是。

第三，社会行动德育理论强调培养学生的社会行动能力。社会行动德育理论兴起于20世纪70年代的美国，以美国德育家弗雷德·纽曼为代表。在他看来，当时流行的各种德育理论过于偏重于价值澄清，偏重于分析和寻找价值原则，发展道德认知能力，改变的只是学生的认知结构，而缺乏付诸实践的训练和技能。社会行动德育理论认为，学校德育应注重培养学生改变环境的能力，德育方向应对准社会，教育学生具备公民意识，在社会变革和政府决策中发挥作用，用实际行动改变外在环境，达到理想的目的。学校德育要提高学生发现、探索和解决社会问题的能力，学生既要学习有关课程，也要参加社会活动。社会行动德育理论提出，一个有道德的社会成员，应具备三方面的能力：一是作用于事物的能力，包括审美能力、实际操作能力等；二是影响他人的能力，包括人际交往能力和处理经济关系的能力；三是影响公共事务的能力，包括公共选举活动、利益集团内部活动能力等。学校德育要注重对学生进行上述能力的培养。

社会行动德育理论独具风格，它注重个体社会道德行为的培养，强调培养学生的社会行动能力。它一方面体现了智慧立足实践的本质属性，另一方面也符合智慧是人对其外部生存环境适应能力的要求，因此在一定程度上体现了智慧德育的特点。社会行动德育理论集心理学、哲学、社会学原理为一体，在探索培养学生社会行为能力等方面提供了新的经验。另外，社会行动德育理论将复杂的社会行为培养融汇于学校德育过程中，使德育与社会生活融于一体，这些都对智慧德育具有积极的借鉴价值。当然，社会行动德育理论也存在着一定的缺陷。它过分强调德育的社会功能，而忽视了德育的个体价值关怀作用。

第四，体谅德育理论强调培养学生的移情能力。20世纪60—70年代，英国学者麦克菲尔等人创立了旨在引导学生学会关心的、以道德情感教育为主的体谅德育理论。该理论反对德育中过于理性的方法，提出有效的德育是让学生学会关心，学会体谅，使学生具有对他人积极性的关心，能全面考虑他人的意见，觉察他人的感受，能时常从他人的角度去考虑问题，形成移情能力，在关心人、体谅人中获得快乐。该理论认为德育靠的是理解和领会，而不是靠灌输和传授，品德是感染来的，不是直接教来的。该理论主张德育要将道德情感与道德判断相结合。该理论提出的观点符合德育的智慧价值取向和智慧组织形式。

总之，当代西方对于道德能力的研究取得了丰硕的成果。道德能力是道德智慧的重要体现，上述国外德育理论对智慧德育研究有着重要的借鉴。然而，某种单一的道德能力并不等于道德智慧，我们不能将上述培养道德能力的方式照搬照套到道德智慧的培育中，否则就会陷入非智慧的误区。

（二）范梅南的教学机智理论

范梅南是北美“现象学教育学”的领军人物，他提出的教学机智理论，在全世界教育领域有着广泛的影响。范梅南对教学机智格外地关注，他从“现象学教育学”的角度出发，从教师、学生和家长等各个方面对教学机智理论进行了深刻论述。他指出正是因为有了教学机智，才使学校教育有了生机与活力。教学机智作为教育的一种特殊的品质，使教育彰显了智慧的光芒。

范梅南提出，在与学生相处时，教育者需要机智。机智是瞬间知道该怎么做，是一种与他人相处的临场智慧和才艺，而不是行动前的计划。教学机智理论的核心思想就是教师在不确定的教学情境中能够及时察觉并能够随机应变地应对突发状况。学校教育教学情境在不断地发生着变化，时间、地点、学生以及教师本身都在无时无刻地变化着。因此，各种意想不到的情况会随时发生，教育者时刻都面临着新的挑战。在教育过程中，面对新的情况，教育者不但要能够积极灵活地应对，还要能够在普通的事件当中捕捉到教育契机，将看似不重要的事情转换为具有教育意义的事件，对意想不到的情境进行崭新的、出乎意料地创造，从而触及学生的内心，在学生的心灵上留下痕迹。同时，范梅南还指出教学机智绝不仅仅局限于以灵活巧妙的方式传授学生知识和技巧，它更注重学生成长的经历和环境，重视学生个性品格的养成，重视对学生的精神和情感进行陶冶。教学机智要求教育者要在适当的时机，用适当的方式，对学生特定的成长经历有效地利用，并以饱满的情感，通过体谅和关心等方式，帮助学生度过成长中的关键时期。另外，范梅南反对用技术化和实用主义的理性思维来谈论教育能力和教育理论，他认为学校教育作为一种社会实践，不能从抽象的理论文章或分析系统中去寻找，而应该在现实的生活世界中去寻找，教育本身就存在于极其具体、真实的生活情境中。

范梅南的教学机智理论从关注成人世界转向了对儿童真实体验的关

注，通过对教育情境、教育时机等概念的解析，探讨了教学机智的内涵，这些对智慧德育研究都起到了巨大的启示作用。但是，范梅南的理论更多的是从宏观的角度内来探讨学校教育，强调的是对于教育和教学智慧意义的追寻，而对于现实中实际教学问题的机智解决却涉及不多。本书也得益于范梅南教学机智理论的启发，在追寻智慧德育价值的同时，更加关注智慧德育的实践操作。

第三节　研究目标、研究思路与研究方法

一　研究的目标

第一，对学校德育进行本真追问，提炼德育的智慧品性，确立智慧德育理念的理论和应用价值。

第二，从德育的智慧价值取向以及德育本身需要智慧两个方面论证智慧德育理念的合理性。

第三，研究智慧德育的具体实施，为现实中的学校德育提供参考。

二　研究的思路

本书以时代发展为背景，以当前德育现实为依据，以德育价值取向为指引，从理论与实践两个方面探讨智慧德育。本书从对智慧的理解出发，探讨何为智慧德育，为何要实施智慧德育，然后分析了智慧德育的价值追求，最后落脚于智慧德育该如何实施。具体说来，本书主要从以下几个方面展开研究。

首先，从智慧的一般属性到德育范畴内的智慧研究，这是一个从一般到特殊的过程。书中对智慧的语义、内涵、张力、意义等进行了全面的审视，揭示了智慧的德性价值取向。由此得出，智慧与道德、德育有着内在的逻辑切合，以智慧的视角来研究德育是应有之义。接着通过对德育范畴内的道德智慧和德育智慧的全面分析，阐释了道德与智慧是不可分割、相辅相成的，德育的价值追求与实践操作都离不开智慧，德育本身充满了智慧。

其次，从德育的实然审视到应然追求，这是一个由因及果的研究过程。随着经济社会的发展，现代性、多元化以及道德转型等对学生道德和

学校德育带来严重影响。知性德育、形式主义德育等德育理论，因其固有的弊端而不能适应现代社会的发展。这些弊端归结起来就是德育脱离了智慧，失去了智慧的润泽。同时，道德与智慧本身就有着紧密的关系，德育本身又具有复杂性的特质。因此，智慧德育的实施是时代的强烈呼唤和现实的必然要求。

再次，从现实表现追寻理论渊源，这是一个由表及里的研究过程。智慧德育是通过充满智慧的德育实践最终形成学生道德智慧的过程，它是超越的德育、自由的德育、明智的德育，其具有动态性、创新性、灵活性、生活性、艺术性等特征。智慧德育吸收了各种先进思想的智慧源泉，有着深厚的理论基础，包括马克思主义哲学理论，中国传统文化思想，西方现象学理论、复杂性理论等，这些保证了智慧德育理念成为有本之木，有源之水。

最后，从价值追求到实践建构，这是一个由理想到现实的研究过程。智慧德育从价值追求上讲，旨在培养学生的道德智慧，追求“转识成智、德智统一、知行合一”。要实现这些目标，就需要在现实的德育过程中，重视智慧型教师的关键作用，充分发挥教师的德育智慧，遵循智慧德育的原则、过程和实践境界，用包含感情的、机智灵活的、学生乐于和善于接受的方式，来培养学生的道德智慧。

三 研究的方法

本书坚持以马克思主义理论为指导，坚持实事求是的原则，坚持系统辩证的观点，坚持科学主义与人文主义相结合，用一种新的视角对智慧德育进行综合研究。具体过程遵循反思—解构—重构—创新的逻辑，即对传统的德育思想和范式进行反思和解构，提出现行德育理论与实践智慧性失落的问题，并探寻其根源；在此基础上，以智慧德育的价值追求和现实建构为指导，提出智慧德育的实践策略。

在具体研究中主要采用了以下几种研究方法。

（一）文献研究法

本书在查阅大量文献资料的基础上，从各学科理论中提取出德育应有的智慧品性，并对当前流行的德育思想进行深刻的反思与解析，探讨智慧德育谓何、为何、何为，对智慧德育理论构想和实施方案进行理论上的确证。

（二）比较研究法

本书依托哲学、教育学、心理学等多个学科的背景，对各种德育理论从不同的视角进行比较，从理论与实践两个维度得出智慧德育理念的可行性与必要性，同时指出智慧德育是顺应时代发展与社会潮流而产生的，相比传统的德育理论具有更强的科学性和实效性。

（三）理论与实践相结合的方法

本书虽属于基础理论研究，但并非纯形而上的思考，而是基于德育现象，源于学校德育实践和学生生活的实际。另外，该研究也不是纯粹理论的宏大叙事和概念原则的逻辑推导，而是注重理论与实操的紧密结合，在关注学生个体价值的基础上对学校德育的感悟之作，力求实现理论与实践的有机统一。

除此之外，本书中还采用了访谈法、观察法，心理分析法等，以保证研究的科学性。

第四节　研究的重点、难点与创新点

一　研究的重点

第一，如何实现学校德育与智慧的联姻，深刻、全面地挖掘出学校德育固有的智慧品性。

第二，对当前学校德育智慧品性失落的表现和原因进行深入反思。

第三，从德育的价值追求和实践建构两个维度探讨何为智慧德育，如何开展智慧德育。

二　研究的难点

第一，分析我国传统文化中蕴含的道德智慧和优秀德育思想对智慧德育的启示。

第二，以现象学理论和复杂性理论等为依据，采取整体性、综合性和实践性的思维方式重新解读德育，建构智慧德育理念。

第三，在对以往的德育理论进行总结、反思的基础上，概括、提炼出各种德育思想所蕴含的智慧品性。

三　研究的创新点

（一）学术观点新

本书将众多优秀理论成果进行总结，提炼出其共同之处：指向德育智慧品性的回归。因此，该观点具有一定的创新性。具体来讲：第一，提出德育是为了智慧和智慧进行的德育，其目的、过程和落脚点都是智慧。第二，提出德育的实施应该因人而异、因时而异、因境而异，做到随机应变。第三，德育应追求转识成智、德智统一、知行合一，德育的最终目的是培养学生的道德智慧。

（二）论证角度新

本书力图突破传统的思维方式，提出了利用“跨界思维”解读德育，在突破“实体思维”和“点状思维”方式的基础上，以“关系思维”开展论证，研究视角具有一定的新颖性。

第一章

何谓智慧德育

智慧德育是适应当今社会发展的必然选择，也是德育理论发展的必然结果。从人类文明进化的历程来看，人们已经开始由知识文化走向智慧文化。智慧是人类完善自我过程中的永恒追求，学校德育也应该由重视道德知识传授走向重视道德智慧培养。德育本来就是充满智慧的，德育需要智慧。

第一节　重思智慧

智慧是人世间盛开的花朵，它对于人类社会的产生和发展具有重要的意义。许多思想流派都将智慧纳入了其话语体系，将人类智慧作为研究的对象。就本书来说，智慧的探索是开展智慧德育研究的逻辑起点和思想之源，因此本书研究必然要从智慧解读开始。

一　不同文化体系中的智慧

对于“智慧”的理解与阐释我们似乎已经有了很多，每一种解释从不同角度来看都有其合理性。当前探索智慧的研究不在少数，对智慧范畴的理解也各不相同。为对智慧有一个全面、深刻的认识，下面将从不同的文化体系，对智慧进行再次解读。

（一）智慧的语义解读

根据我国《辞海》的解释，智慧指人辨析判断和发明创造的能力。其中，智有聪明、狡黠、智谋之意；“慧”是指聪明、聪颖。在《新华词典》中，智慧同智力，是指实践才能，即“对事物能迅速、灵活、正确地判断、理解和解决的能力”。

《牛津高级英汉双解词典》对智慧的解释是："在做决定或判断时表现出的经验和知识；正确的判断，明智，常识等。"根据冯契翻译的《外国哲学大辞典》的解释，智慧是指人的最高思维能力，其原义是实践的技艺，后逐渐改变其意义。"智慧"与希腊文中"sophia"和拉丁文"sapientia"语义相似，都有经验、技术、能力和品味的意思。这表明了智慧既体现在知识、理论的层面，又体现在行动、实践的层面。

（二）西方不同学科对智慧的解读

西方哲学对智慧的研究由来已久，智慧的哲学语义更偏向于精神的层面。哲学的古希腊语是"philosophia"，本意是"爱智慧"的意思。哲学就是爱智慧，可见哲学与智慧本身就有着密切的关系，爱智慧也就成为古希腊人最基本的精神追求。

苏格拉底曾说过："我无非是由于具有某种智慧而获得了智者的名声。我所指的是什么样的智慧呢？我想是人类的智慧……我只是充分地意识到自己毫无智慧。"① 在苏格拉底眼里，能够认识到自己一无所知，这便是智慧。苏格拉底把哲学从天上拉回到了人间，自此智慧回到了对人生的觉悟。柏拉图将智慧看作人的四主德之一，认为智慧是一种整体的知识，其中既包含科学知识，也包含实践知识。到了亚里士多德时期，对智慧的理解达到了一个新的高度。他指出："智慧由普遍认识产生，不从个别认识得来……用来阐释事物的原因与原理的所谓智慧。"② 他把知识等同于智慧，提出越是有普遍知识的人就越有智慧。智者总是能把握事物的普遍规律，并洞悉事物变化的缘由。英国哲学家怀特海指出："智慧是掌握知识的方式。它涉及知识的处理，确定有关问题时知识的选择，以及运用知识使我们的直觉经验更有价值。这种对知识的掌握便是智慧，是可以获得的最本质的自由。古人清楚地认识到——比我们更清楚地认识到——智慧高于知识的必要性。"③ 在他看来，智慧以知识为基础，但又超越知识，智慧能使人获得最终的自由。美国哲学家杜威，则强调了智慧的实践性，他在《人的问题》中指出，智慧是应用已知的去明确地指导人生事务的

① ［古希腊］柏拉图：《苏格拉底的最后日子——柏拉图对话集》，余灵灵、罗林平译，生活·读书·新知三联书店1988年版，第43—45页。

② ［古希腊］亚里士多德：《形而上学》，吴寿彭译，商务印书馆1959年版，第2—3页。

③ ［英］怀特海：《教育的目的》，徐汝舟译，生活·读书·新知三联书店2002年版，第54页。

能力。

在西方心理学研究领域，将智慧理解为人类适应外部环境的一种能力。这里的代表人物首推皮亚杰。他从人类生物进化的角度将智慧理解为“适应”，这里的“适应”，实际上就是指“同化”和“顺应”的平衡。皮亚杰认为智慧并不是一种特殊形式的结构过程，本身也不是一个孤立的、截然不同的心理过程，而是从知觉、习惯和低级的感觉——运动机制中产生出来的一切结构过程所趋向的那种平衡形式。[①] 在皮亚杰看来，智慧是生物性的，智慧具有适应性和逻辑性。此后，在皮亚杰的影响下，新皮亚杰主义者帕斯科尔·莱昂、克拉尔与华莱士等在反思皮亚杰认识论的基础上，开始将对智慧的理解从认知发展为一定程度的运算思维。

（三）中国传统及现代文化中的智慧

在中国传统文化语境中，“智慧”一般是指聪慧、机敏的意思。最早提到“智慧”的当属老子，他强调了智慧的上述意味。如在《道德经》中老子提到，“智慧出，有大伪”。[②]

“智慧”中的“智”在先秦时期已经出现，到诸子百家时期开始在有关论著中广泛使用“智”或者“智慧”，但并没有对“智慧”作出直接或者更进一步的解释。孔子从“仁”的角度论述了智慧的含义，他说：“务民之义，敬鬼神而远之，可谓知（智）矣。”[③] 孟子提出：“虽有智慧，不如乘势。”[④] 一直到了汉初的贾谊，才第一次对“智慧”作出全面的界定：“深知祸福谓之智，反智谓愚；亟见窕察谓之慧，反慧谓童（蒙昧）。”[⑤] 这就是说智慧作为蒙昧的对应物，是指人们对未来祸福的深远预见和敏捷详察的思维能力。荀子也提到：“所以知之在人者谓之知，知有所合谓之智。”[⑥] 此处智慧是指对关于事物真理的掌握。另外，中国古代史书《国语》中也提到“言智必得事”。三国吴韦昭注释：“能处事物为智。”等等。这里的“智慧”，是指能够认识事物本质，顺利完成任务。

---

① ［瑞士］让·皮亚杰：《智慧心理学》，洪宝林译，中国社会科学出版社 1992 年版，第 5 页。

② 《道德经》第十八章。

③ 《论语·雍也》。

④ 《孟子·公孙丑》。

⑤ 《新书·道术》。

⑥ 《荀子·正名》。

现代的冯契当属智慧研究的集大成者。他提出："在由意见、知识发展到智慧的辩证发展过程中，意见是'以我观之'，知识是'以物观之'，智慧则是'以道观之'，单纯从'观'来区分认识的阶段，未免把问题简单化了。后来，我在提法上稍作改变，把认识过程看成是从无知到知、从知识到智慧的运动，我的任务就在于阐明从无知到知、从知识到智慧的认识的辩证法。"[①] 冯契关于智慧的研究是立足于知识与智慧的关系，创造性地提出了理性认识与人的自由发展智慧的内在联系。

（四）宗教文化中的智慧

1. 佛教文化中的智慧

智慧被作为佛教名词由来已久，佛学中的智慧不同于我们日常的理解。传统的佛教中，"智"与"慧"是两个概念。其中，"智"是对各种佛理与佛法的把握，而"慧"是一个实体概念，是指认知的主体。因此，有"智"以"慧"为体，"慧"以"智"为用的意味。"慧"的最高境界就是"觉"，"智"与"慧"合在一起就实现正觉，即是"般若"，即达到最高的成佛之"慧"，才能得到解脱。"般若"是经过"消解"或一系列否定所达到的，它与有具体所取、具体所向的"智"或"慧"不同，是"无知而无所不知"的，是佛教的最高智慧，称作"诸佛之母"。佛学是一种出世的文化，因此佛学中的智慧指的是一种对于出世的大觉与明了，是建立在无漏上的觉悟。佛教的修养心性就是修炼出世的智慧，帮助人们消业。

2. 基督教文化中的智慧

在基督教看来，"智慧以灵明为居所"[②]；"敬畏神是智慧的开端"[③]。圣经中又强调，"敬畏耶和华是智慧的开端，认识至圣者便是聪明"[④]。也就是说，敬畏神才是人生最有意义的事，也是人生的大智慧。人常常以为自己在各方面表现得很有智慧，很聪明，但在神看来这一切都是没有意义的，唯有敬畏神，才是永恒的智慧。如保罗所言："我们也讲智慧，但不是世上的智慧"，因为"这个世界的智慧，在神看是愚拙"[⑤]。基督教中的

---

① 冯契：《智慧的探索：〈智慧说三篇〉导论》，《学术月刊》1995年第6期。

② 《圣经·箴言》。

③ 《圣经·箴言》。

④ 《圣经·箴言》。

⑤ 《圣经·哥林多前书》。

智慧，对于现实的世俗生活具有一定的启示，对于破除人们心中的骄狂与邪恶有着一定的积极意义。

总的来讲，从上述不同文化体系中的智慧解读来看，它主要由三个层次的意思：一是指一般的聪明与谨慎；二是指敏于技艺；三是指学问和通达。另外，从智慧的性质来看，智慧分为理性智慧和实践智慧两种形式。在上述分析的基础上，本书认为智慧就是人们在知识、经验等积累的基础上，以求真向善为价值取向，创造性地处理问题的能力和通达的精神境界。

二　智慧相关概念辨析

前面我们对智慧进行了一个大概的描述，为了对智慧更加深入地进行理解，下面需要对与智慧相关的概念进行辨析。

（一）智慧与智力

一般我们认为智力是人在认知方面的一种综合心理特征。观察力、记忆力、注意力、思维力、想象力等一般能力都属于智力的范畴。智力是人理性化的体现，而智力活动是人在实践中对客观世界能动性的反映活动。智力的核心要素是抽象的思维能力和创造性解决问题的能力，它衡量人们的认知和实践所能达到的水平。

智慧的外延要广于智力，智力只是智慧的一个方面。智慧是包括智力、知识、方法、技巧、意志、情感、气质、美感和个性意识倾向等在内的各种要素构成的一个复杂系统。智慧从不同的角度又可以分为生理机能和心理机能，认知与思维，理性与非理性，智力与非智力，显意识与潜意识等，因此智慧既是一种综合的心理品质，也是一种整体的个性品格。从智力与智慧的关系上我们可以明确，有智力的人不一定有智慧，有智慧的人一定会有智力。

（二）智慧与聪明

根据词义理解，“聪”指的是听觉敏锐，“明”指的是视力发达，固有耳聪目明之说。聪明的人接收事物比较快，做事灵活应变，而智慧更加注重的是人的创新能力和对宏观大局的掌控。

智慧和聪明都与年龄有关。聪明一般形容小孩，而智慧则用来形容成年人，这里很大程度是由于经验的因素。反过来，聪明一般不能形容成年人，否则就有讽刺的意味。

智慧与聪明更大的区别在于，聪明是一种天然禀赋，是一个中性词，而智慧则具有伦理倾向性。聪明的人可以不涉及伦理或公序良俗，所以一个聪明的人未必就是一个好人。聪明不一定诉诸理性，也不见得出于善意。“‘智慧’作为一个规范词，又是在正当地处理事务中所显示的善意。”① 所以，一个有智慧的人必然考虑伦理规范，必然具有向善性。智慧不是天赋的，是通过教育、濡化和反思获得的，它能够在恰当地处理事物中显示出来善意。我们常说的“大智慧和小聪明”，就是告诫人们二者之间的明显区别。

（三）智慧与智能

智慧与智能具有比较接近的含义，区分智慧与智能对于本书来讲具有特殊的意义。因为本书所提到的智慧教育、智慧德育中的智慧，与目前普遍流行的智慧的含义是不同的，普遍流行的智慧事实上可以等同于智能，所以在此区分能够避免歧义与误解。

智能的原意是智谋与才能，偏向于技术与能力，在现代社会则更偏重于现代信息技术给人们带来的便捷性和有效性。自从 IBM 公司 2008 年首次提出“智慧地球”的概念之后，“智慧生活”“智慧城市”“智慧交通”“智慧医疗”等概念便如雨后春笋般层出不穷。“智慧教育”也更多地被人们理解为智能技术、智能化在教育领域的应用。然而本书提到的智慧并不同于智能，智能只是满足于技术层面的概念，而智慧却是引导人们克服对技术的盲目崇拜，但合理地利用智能的因素，具有向善崇德的价值取向。相比智能的双刃剑效应，智慧则是包含主观善意的，指人们有能力为自己和他人实现生活中有意义的事情。

三 智慧的张力与价值

智慧之所以充满魅力，令人神往，有着深刻的原因。对智慧的把握，不能僵化、孤立、静止，必须对其进行多维时空的扩展，从而使其既不失理论的厚重，又充满现实的活力。

（一）智慧的两个维度——理性和非理性

智慧是人类特有的本性，伴随着智慧的形成，人类由野蛮走向文明。西方文明自诞生以来，就在以希腊文化为代表的理性思想和以基督教文化

① 陈桂生：《也谈“智慧型教师”》，《江西教育科研》2004 年第 5 期。

为代表的非理性思想的共同引领下，迂回曲折地前进着。人是理性与非理性的统一体。理性实现了人对动物本性的超越，使人成为历史的主体；而非理性则保证了人的主体价值和人格的完善。人的理性存在和发展以及对客观世界的理性认知都彰显了智慧的特性，同时智慧也内化于人的精神、境界和情感等非理性因素之中。因此，智慧的内在禀赋有理性和非理性两个维度。人类的进步和世界的发展都应当在理性与非理性的和谐平衡中有序地进行，而这种和谐平衡则有赖于人智慧作用的发挥。

1. 理性与智慧

理性一词被广泛用于我们的日常生活和学术思想领域。理性是相对于感性和主观任性而言，指的是不同于情感和趣味的思想内容，同时又反对盲目屈从，摒弃野蛮蒙昧。对理性的释义因视域不同而多种多样。在本书，理性主要指人类通过逻辑思考和经验分析来认识和把握外部世界的能力。

理性是人特有的属性，对理性的认识必须立足于人与周围世界的关系。人类为了满足自己的需要，通过主观能动性的发挥作用于客观世界，使客观世界满足自己，这就是实践。在实践过程中，人们与周围的世界发生交往与联系，冲突和斗争。人的实践活动不同于动物求生的本能活动，是一种理性的活动，理性成为区分人与动物的重要标志。理性是一种状态，一种逻辑推理能力，与情感、欲望、直觉等不同，它强调的是一种思维，通过理性人们能够把握或直抵事物的根源和本质。理性是人性的构成部分，是人的一种社会本性。

理性与智慧有着非常密切的关系，智慧必然包含着理性的因素。理性的思维让人们获得智慧，不理性（不是非理性）的思维则压抑人们的智慧。人们通过理性的认知总结和经验积累，形成某种固定的规则和程序存储于大脑之中，使人具有了很强的认识能力和实践能力。这样，人们的智慧水平就得到了提高。理性不等同于智慧，但是理性的发展方向是指向智慧的，虽然不是每个人的理性都能上升到智慧的层面，也不是每个人的智慧都能通过理性的方式得以彰显。智慧是以理性为基础的，没有了理性，人的智慧就无从谈起。智慧是人在占有知识的基础之上，通过理性的加工，经过德性的晕染而最终达到的状态。用一个通俗的比喻来理解：知识就是种子，人的理性就是一片沃土，而德性就是温暖的太阳。知识的种子在理性的肥沃土壤中，经过德性阳光的照耀，才能结出智慧的果实。理性只有在实际活动中才能越来越靠近智慧，理性的智慧价值只有通过活动的结果才能得到衡量。人的理性是随着人生命的丰富而不断充实和洋溢的，任何一个时代、任何一个个人都不能说理性的发展已经完全到达智慧的境界，而只是无限地接近智慧。

人的理性所追求的是主体与客体相一致，是主体的思维活动与客体的实际运动相统一。理性的目标是求真，即追求真理，探究本质。人们要通过理性的思维，对外部世界进行理智的审视，这种审视是以客观存在为尺度，不以主体的意志为转移。思维是人们行动的需要，理性则是人们用来考察外部世界的思维工具。理性本身更是一种精神，除了真之外，它有着对善和美的向往。生活在客观世界中的人们意识到周围的世界不如意、不怡情、不善不美，于是开始探求世界的本真面目，以改变现有的世界，使世界变得更善更美，这就是人的理性精神。智慧是对真和善的认识和遵从，是在改善和提高自己的生活之中表现出来，这里的生活是指社会生活。第一，人们为了获得丰富乃至美好的生活，改变自身周围的生活世界。而改造世界就是要认识真理和遵从真理，通过理性的思维来认识周围的事物，探索它的性质和规律。从这一点上讲，智慧体现了理性的求真。第二，智慧的真正表现绝不仅仅是对个人有利，而是对他人、社会更有利。智慧越高越大，其对他人和社会有利的范围越广，世间也越长，这从根本上讲也会改善和提高个人的生活品质。这个过程正是人理性求善的过程。

“人类的发展史就是一部使人由非理性占主导进化到由理性占主导的文明史。”① 理性作为人类的基本特征，是人类生存发展所必需的，是人类智慧的基本体现。“如果正确的理性没有融入感性欲求之中，那么欲求就是难以正确的。”② 理性使人类实现了对动物本能的超越，从而逐渐脱离了野蛮与蒙昧，走向了智慧。理性使人们意识到科学知识的重要性，人们追求知识，追求真理，获得了真理智慧和实践智慧。理性使人们对客观世界，有了深刻的认知，并以此开始有意识地变革外部世界，推进了人类的发展和社会的进步。理性是奠定真理的基础所必需的，因为没有理性就不能把观察（或一般的经验）构成一种科学。理性催生了道德智慧，从

① 于伟：《现代性与教育——后现代语境中教育观的现代性研究》，北京师范大学出版社2008年版，第54页。

② 唐凯麟：《西方伦理学经典命题》，江西人民出版社2009年版，第38页。

而帮助人们更好地协调人与周围世界的关系，协调个人与社会的生活。理性本身给人带来善的价值，通过理性的沉思，能够使人们享受到愉悦，产生幸福与满足。

2. 非理性与智慧

非理性是描述人精神活动的一种心理态势，具有非逻辑性、非认知性、情绪性和不自觉性等特征，它与理性相对应，但不等同于不理性。它大体可以分两类：一类是指人非理性的心理现象，包括人的意志、欲望、情感、情绪等；另一类是指人的非理性认知形式和认知能力，包括人的直觉、灵感、顿悟等。① 人的非理性广泛存在于生活的方方面面。一般情况下非理性表现为自我意识强烈，经常以自我为中心，对外界对象普遍忽视，无视客体对主体的制约。非理性排除逻辑推理，疏远科学知识，它是从人的主体性角度出发，以主观需要为起点，强调的是客体对主体的服从。非理性并不等同于本能，它也是人思维活动的一种形式。非理性的思维是表面的、片断的、僵直的，反映到日常行为中便具有盲目性、随意性、即时性。当主体一旦受到外界环境刺激而引起兴奋或压抑，这种情绪会迅速扩散到全身，随即做出应激的选择。当外部环境消逝，情绪得到宣泄，一切又恢复平常。任何非理性因素中都包含着理性的成分，纯粹的非理性因素是不存在的。“非理性是一只自认可以任意飞翔的鸟，可是，没有空气，它就飞不起来，思想中的理性内容（客体世界），对非理性来说，犹如飞翔中鸟之于空气。空气牵制着鸟的飞翔。非理性离开外部对象，即离开理性限制，就如同飞翔中的鸟离开空气一样，是飞不起来的。”②

非理性与人类的活动同始同终。③ 非理性是人类智慧另一重要组成部分。当我们身处泰山之巅俯瞰脚下飞腾的浮云，茫茫的四野；或漫步于苏州园林，观赏那巧夺天工的青山秀水，玲珑奇巧的亭阁雕廊，一种对祖国大好河山和人类文化的博大情怀涌上心头，甚至突发灵感，创作美画、美文抒发心中感情。这个过程必然是充满了智慧。但是这并没有经过一番理性的思考，而是通过非理性的因素就能够直接、迅速把握到对象的美和产生创作的灵感，这就是非理性的智慧。相比理性的逻辑结构基点，非理性

① 何颖：《非理性及其价值研究》，中国社会科学出版社 2003 年版，第 163—164 页。

② 刘世铨、和平：《理性与非理性》，内蒙古大学出版社 2002 年版，第 88 页。

③ 刘世铨、和平：《理性与非理性》，内蒙古大学出版社 2002 年版，第 90 页。

则更加关照的是完整的人格，指向的是智慧的精神境界。人的非理性因素如直觉、兴趣、需要、心理、情感等，在很大程度上决定了一个人的智慧状况。无论人类如何高尚，如何伟大，但他始终作为有血有肉的感性存在物，具有自然力；这些力量作为天赋和才能，作为欲望存在于人身上。非理性因素是调节人类生活的重要手段，是影响人类行为的重要因素。人类往往在发现真理之前，总是以非理性的冲动来形成大胆的假设，并推动科学试验的完成。可以说，没有人的非理性因素的高度发展，人类认识世界、改造世界是不可能顺利进行的。在理性触及不到的地方，非理性起着补偿作用。

人类认识世界改造世界的活动是在智慧的指引下进行的，其中智慧的创造性因素起到了重要的作用。人创造性地发挥不可能从某种普遍的理性原因中寻找自己活动的依据，于是人们便将创造性转化为一种信念而转向对自身非理性因素的依赖。随着以人为本思想的回归，人的问题尤其是个人存在和发展的问题成为社会关注的焦点，人的非理性智慧得到空前的重视。非理性是人类精神活动中一种确定无疑的存在，它作为智慧的重要组成要素，始终参与人的实践活动。

3. 智慧体现为理性与非理性的统一

人们在智慧的引导下认识和作用于外部世界，而这个过程的顺利进行是理性与非理性因素共同起作用的结果。因此，智慧必然包含理性与非理性两个维度，二者的有机结合才是智慧。

理性与非理性各有不同的特点与优势，在一定程度上二者具有互补性。理性思维的根本特征是逻辑性，通过归纳与推理、分析与综合、抽象与具体等方法，在不同的概念和判断之间建立起逻辑关系，使两个事物之间建立起必然的联系。但是逻辑推理并不是万能的，它本身存在着缺陷与不足，这就导致逻辑运转的链条往往会中断。“归纳命题难以克服全称命题与部分命题的矛盾；演绎推理则依赖大前提的‘不证自明’。”① 另外，理性主义作为简单思维，当遇到复杂性的研究领域时，便会失灵。比如涉及人的情感、本质、意义、经验等因素时，理性的思考就不能精确地推断和计算出来。此时，非理性的作用就开始显现，直觉、顿悟、灵感等非理性方式，在理性所不能触及的领域能够大放异彩。它们可以突破逻辑的局

① 杜时忠：《科学教育与人文教育》，华中师范大学出版社 1998 年版，第 142—143 页。

限和束缚，能够直接、迅速、出其不意地直抵事物的本质。当然，非理性思维的结果最终还要经过理性的论证，因为非理性不成系统，具有模糊性、随机性，要成为科学的理论，必须经过理性思考验证其是否正确，还要经过理性的加工和补充。

理性与非理性是相互作用的。一方面，非理性需要是人们认识和实践的原动力。人们随着认识的深化和实践能力的提高，又不断产生了新的非理性需求，从而推动人们新的认识和实践。另一方面，理性对非理性具有制约和引导作用。非理性因素本身也可能存在消极方面，具有合理与不合理、健康与庸俗、向善与向恶的双重性，而克服非理性的消极影响的方法就是用理性来进行有效控制。"人在认识过程中，理性与非理性总是相互影响、相互制约，共同发生作用的。理性必须以人的基本需要、积极的情感和意志力作为动力。如果人非理性的本能要求、情感总是处于被压抑状态，就不会有真正的理性精神。同时，非理性的本能需求、情感、意志也离不开理性的制约和引导。如果情欲不加控制，感情用事，就不可能正确地认识和改造世界，甚至误入歧途，给社会带来巨大破坏。"①

综上所述，人的智慧由理性因素和非理性因素构成。"理性因素是把握客观世界系统的、有序联系的重要手段，而非理性因素则反映了不系统、无序的心理方面，特别在体现人们向往的精神世界方面发挥着特殊作用。"② 人的智慧是理性与非理性的统一。由此得出，智慧的德育必然是蕴含着理性因素与非理性因素的德育过程。

（二）智慧的两个要素——"是什么"和"怎么做"

翻开人类文明发展的历史，我们会发现人类社会的发展始终围绕着两条线索平行地前进，一条是"是什么"，一条是"怎么做"。智慧使人类远离了蒙昧，实现了觉醒，成为人们认知世界的阿基米德点。智慧凝结着人们的认知价值和实践经验两种要素，亦即"是什么"和"怎么做"。从这两个方面分析智慧，我们要注意两个问题：即在"是什么"方面来看，智慧并不等于知识；在"怎么做"方面来讲，智慧也不等于技术。智慧是人们正确认识周围世界和自身，恰当地处理人与自然、人与社会、人与

---

① 陈永森：《关于理性和非理性的辩证关系》，《福建师范大学学报》（哲学社会科学版）1991 年第 3 期。

② 金忠明、张彦杰：《和谐教育：文化意蕴与学校实践》，上海教育出版社 2010 年版，第 140 页。

自我之间关系的一种意识与能力。智慧体现在人与世界的互动过程中，在这个过程中智慧连接着对世界的价值认知与实践变革。一般来讲，人们的认知价值规定了其实践行为的选择。“是什么”与“怎么做”展示出了人类的智慧品格。

1. “是什么”——理论智慧

“是什么”需要人们运用智慧对客观世界的性质、本质等做出判断。“是什么”是对客观事实的一种考究，这是人们认识和改造世界的前提。它至少应包括：事实是什么，事实应该是什么两个维度。“是什么”和“应该是什么”构成了理论智慧。对于是什么的问题，首先必须要立足事物的现状，其次还要观照事物的价值追寻。人类历史上关于是什么和应该是什么的问题始终相伴相生，相互纠缠。“古希腊传统以开掘‘是’的问题见长，而基督教传统则以开掘‘应该’的问题见长，西方哲学史实际上就是古希腊之‘是’的传统和基督教‘应该’的传统既互相冲突又互相调和的历史。”①

对于“是什么”的研究既涉及客观的描述，又蕴含主观的思考。我们对客观事物的认识，必定是通过逻辑的思维去考虑，然后作出判断，而不同意识的主体对客观事物的认知往往存在差异。能够抛开各种虚假表象，对客观事物作出全面客观的分析，并作出准确的判断，这本身体现了人们的智慧。然而，“是什么”的逻辑必须要包含“应该是什么”的价值基础，否则其本身就会存在逻辑缺陷。“应该是什么”就是对客观世界的一种主观的规范，这里应该有两层含义。首先，“应该是什么”要符合人的自然需求和历史发展的趋势；其次，“应该是什么”要符合法律法规和道德观念。有学者认为，“应该是什么”本身就构成一套逻辑体系，而这一逻辑和“是什么”的逻辑应形成统一。也就是说，从“是什么”可以推导出“应该是什么”，从“应该是什么”也能追溯回本来“是什么”。但是这里忽略了一点，那就是对外部世界“应该是什么”的追问，答案并不是唯一的。由“是什么”到“应该是什么”，是一个“由一到多”的过程。人们的生活世界不是一个简单的逻辑范式，主体价值性的存在，赋予了其复杂性与多样性。即便基于对世界“是什么”的同样判断，对

① 徐长福：《是、应该与做——对解释世界、规范世界与改变世界诸问题的形上离析》，《哲学动态》2001年第10期。

于世界“应该是什么”的预判和认知也会因为主体思想意识和精神境界的不同而产生差异。

2. “怎么做”——实践智慧

“怎么做”是人们基于对客观世界的认识，是在改造客观世界过程中，运用智慧选择正确的实践方式。“怎么做”构成了实践智慧，它规定了人实践的方向。实践是人自由自觉的生命活动，“怎么做”则是指向这种生命活动的合理性。“怎么做”的核心问题是人们应该选择什么样的实践目标（即上面提到的“应该是什么”），并找出达到这一目标的合理手段。前者涉及价值理性，后者则涉及工具理性。“怎么做”要遵循两个指导原则：一是要遵循道德良知；二是要符合高效要求。这两条原则就是实践智慧的根本体现。具体来说，就是要在一定的观念支配下，将相关理论的普遍价值和实践者的特殊经验有机整合在一个既定的情境之中，使之能够恰当处理随机生成的具体问题。

实践智慧指导人们“怎么做”。在“怎么做”的选择中，关涉客观存在物的运动与变化。它既要考虑存在物运动变化的固有属性，又要反映思维的主观性和灵活性。也就是说，“实践的智慧所关联着的存在物的变化，同时为这种智慧本身的张弛屈伸提供了切实的可能性”①。“怎么做”不能执拗于它所关照的存在物的固定形状特征，而应把触角伸向宏观和微观两个维度，从而改变存在物原本呈现的表象形态，使外部世界开创一番新的风貌。这个过程实际上就是实践智慧对它所面对的存在物进行再加工的过程，其中所体现的对客观对象原有外在性状的否定就是对实践智慧本身的肯定。另外，实践智慧本身的创造性特征可以启思明智，从此使人们不再机械地受客观对象的性状限定，摆脱狭隘理性的“十字架”，承担起人类精神解放的责任。实践智慧开创了一个灵动、活泼、充满着希望的可能性空间。

3. 智慧是“是什么”与“怎么做”的统一

人们对客观存在的认识和判断是一种先天的能力，无论认知的深与浅、对与错，每个人都会依据自己的理解作出解释。然而这种能力在人们的运用过程中，却被不自觉地扩大了其适用的范围。具体来讲，人们往往把“是什么”的探究当成一切的基础和归宿，认为只要真正认清了客观

① 顾晓鸣：《世界智慧大观》第3册，浙江人民出版社1995年版，第777页。

世界的本质，就能够对其完全把握。也就是说，知道了世界是什么样子，理所应当地就应该知道我们的追求，知道如何实现目标。但是，知道“是什么”不能保证“如何做”的科学合理。从“是什么”到“应该是什么”的实现过程，有多种不同的路径和方式选择，其中也不乏一些错误和虚假项。这就需要主体通过智慧，审时度势，选择一条正确乃至最佳的方式或路径，保证“应该是什么”的落实。事实上“是什么”和“怎么做”不具有逻辑的必然，这个过程依赖于人们智慧作用的发挥。只有智慧的人才能选择正确方式，顺利实现这个过程，而这个过程也是智慧实现的过程。所以，有了对客观世界“是什么”的科学分析与判断，并不能意味着我们就获得了完整的智慧。因此，完整的智慧应是“是什么”与“怎么做”的统一。智慧是在人们认识世界和改造世界的过程中产生的，反过来智慧又指导着人们的认识和实践。

“是什么”揭示的是客观世界的事实，“应该是什么”揭示的是人们对客观世界的价值期望。从“是什么”到“应该是什么”必然蕴含着人们对实践的期待，这就是“怎么做”。“应该是什么”的根本意义是在“怎么做”中的落实，“怎么做”必须依照“应该是什么”而定。另外，“是什么”与“怎么做”的逻辑是不同质的，但这并不意味二者之间没有关系。“是什么”是“怎么做”的操作材料和依据，离开对“是什么”的准确把握，“怎么做”就成了一种盲目和本能的反应，即对世界的解释构成了变革世界的理论前提。也就是说“怎么做”必须以“是什么”为依据，以“应该是什么”为导向。而对“是什么”的追寻最终要在“怎么做”中得以确认，“怎么做”是“是什么”的最终落脚点。实践智慧同时联结了对世界的解释与变革。①

一般来讲，“怎么做”受到“是什么”的支配和限制，要把解决“是什么”的问题和解决“怎么做”的问题结合起来，这样才能达到控制和调节人们行为的目的。就“是什么”的价值而言，“是什么”是“怎么做”的前提，“怎么做”是“是什么”的目的，研究客观世界究竟“是什么”是为了得出究竟该“怎么做”，从而使客观世界更符合我们的要求。因此，研究“是什么”的价值并不在于其本身，而是存在于“怎么做”之中。而智慧就是要在“怎么做”中完整地体现出“是什么”的价

① 杨国荣：《论实践智慧》，《中国社会科学》2012 年第 4 期。

值，只有“是什么”与“怎么做”有机统一，才是一个完整的智慧过程，才能使人的思想境界得到提高，智慧境界得以不断升华。

另外，“是什么”和“怎么做”的统一，还要做到由果寻因的反向追查，即通过“怎么做”及其产生的结果，对“是什么”进行深刻的反思或者再认识，这是对智慧的必然要求。在具体的实际生活中，人们往往首先看到的并不是“是什么”，而是“怎么做”及其产生的结果。要通过对人们行为的观察、分析来发现人们认识上的问题，然后再进一步分析出产生这些问题的主、客观条件，进而对“是什么”产生正确、深刻的认识，引导出“怎么做”的好的行为结果。

总之，“是什么”和“怎么做”是智慧的两个要素，这两个要素并不是横向的并列关系，而是纵向的相继关系。其中，前者是后者的基础，后者是前者的目的。只有二者完整统一，才能真正释放出智慧的价值和光芒。就智慧德育而言，首先我们就是要认清德育的本质，然后在此基础上有效实施德育。

（三）智慧的两个方向——“向外看”和“向内看”

从人发展的行进路线来看，智慧是人对其外部生存环境的一种适应和改造能力。智慧本身就有适应性、改造性的特质，这种适应性与改造性就是人自身与外部世界的一种平衡。要想实现这种平衡，必须有赖于人的智慧。智慧既要关照外部世界，即“向外看”，也要关照人的自身即“向内看”，要努力实现内外的平衡和谐。向外看即改造外部世界，向内看关注内在生命，智慧的光芒正是照向这两个方向。

1. “向外看”

“向外看”要求人们必须发现世界、认知世界和改变世界，人就是在与客观世界的交往中不断发展着自己。智慧属于人的思想意识的范畴，智慧的形成和发展离不开人作用于客观世界的实践活动。人的思维和意识“是在他们的环境中并且和这个环境一起发展起来的”①。人们在与客观世界相互作用的过程中，使客观世界发生了巨大的变化。人们改造了自然，使自然凝结了人类世代相继的体力、智力和创造才能，具备了人的属性。另外，这种“人化的自然”反过来又作用于人自身，促进人的发展，使人之为人。也就是说，人通过作用于客观世界在进行着自我创造，使智慧

① 《马克思恩格斯选集》第3卷，人民出版社1972年版，第74页。

水平得到提高。“向外看”是人发展的根本源泉。人们在与客观世界的交互作用中，获得了发展的动力。人们在推动客观世界发展的同时，客观世界也在向人们提出更高的要求，推动着人们去发展个体自身的各种能力，包括发现并激发身体内在的各种潜力。各种能力的爆发，可以极大地促进各种机能的发展，推进人们向更高层次迈进。一句话，人们对外部世界的认识与改造可以极大地促进自身智慧的生成与发展。

2. “向内看”

在关注外在世界的同时，人们的智慧也要求其关注自身，即“向内看”。首先，客观世界的发展有其内在的规律与限制，它不可能满足人们的各种要求。这时就需要人们调整自己的内在需求，以达到与客观世界的平衡。其次，人们在对客观世界提出要求的同时，客观世界也对人提出了要求。因此，人们要不断改善自身，以适应客观世界发展的需要。最后，要关注自己的内心世界，不能使自己的内心迷失了方向，要让自己的内心归位，实现与自然、社会、他人以及自我的和谐相处。心理学家荣格说：“向外看的人，做着梦；向内看的人，醒着。”当前，更多的人将精力放在了对外部世界的关注上，人们不断地在向外看着，不停地向外在世界进行着索求，努力寻求着外来的肯定，而使“向内看”的目光受到压制。人的眼睛是向外的，许多人习惯于“向外看”，看到的是外在无尽的诱惑和急功近利，而很少“向内看”，好好来审视自己，很难认识自己内在的精神世界。然而，只是醉心于外部世界的人，并不是真正智慧的人。早在古希腊时期，苏格拉底的名言“认识你自己”就已经告诫人们省察自身的重要性。对自我的认识和精神世界的关照本身就是人生智慧应该达到的境界。“向内看”，认清自我，是人类前进的基础。没有“向内看”，人们“向外看”的目光就会发生扭曲，就会迷失前进的方向。

3. 智慧是“向外看”与“向内看”的平衡

人们凭借智慧，依据自己的目的在不断地改造外部世界和客观事物，业已取得了举世瞩目的成就。然而，这种单向度“向外看”智慧的张扬，并不能代表智慧的全部。当人们执着于外部世界时，各种困惑、迷茫就不可避免地会出现。当然，人们也不能只关注自我而放弃了外部世界，毕竟人类的发展与进步无时无刻都要与客观世界发生作用与关系。智慧有两个方向，一个是向外远眺；一个是向内审视。只有两个方向的作用实现了平衡，我们的人生才能和谐，才能称得上是具有真正的智慧。

“向外看”是认识外部世界，更是改造外部世界，这是人类自觉的生命活动。在这个过程中，人们能够把这种自觉的生命活动变成自己的意志活动，并将自己的意志具体化为内在的尺度，而运用到外在对象中。在实践中，人们根据自己的目的，运用自己的智慧来审视实然世界，建构应然的世界，并据此来改变世界，使应然世界实然化，从而满足自我的需要。每个人都向往智慧、追求智慧，它体现在人们对幸福生活的追求之中。人们通过认识世界和改变世界来改善自身的生活质量，提高个人的幸福指数，这必然是符合智慧要求的。现实生活是人类生存和发展的基础，也是智慧首先要关注的领域。现实生活得不到保障，智慧也就无从谈起。谁也不能想象食不果腹、衣不蔽体、住无所居的生活是幸福的，是充满智慧的。人们通过智慧向外在的世界不断地延伸，使自己生活的时空得到不断拓展，自我潜能得到不断提升，给现实生活赋予意义。

“向内看”是智慧作用的另一个方向。一方面，人们过分关注外部世界，而忽略了自身，忘却了改造客观世界的最终目的，使自身陷入了工具理性的异化之中。“向内看”要求人们停下匆忙的脚步，摆脱外在的物质诱惑，控制贪婪的欲望，进行自我反思。心灵的放逐使一些人成了无心的“现代人”，“向内看”就是要审视自身，要回归人的价值理性，把人的自身当作一切行动的出发点。只有通过“向内看”，人们才能避免在痛苦中挣扎，人们的心灵才能得到安顿，人们的精神才会得到归宿，人本身具有的个性与自主性才能得到回归，最终实现个人与外部世界的和谐相处和平衡发展。另一方面，人们改造外部世界的智慧虽然是不断在进步，但在一段时间内却是具有稳定性的。外部世界改造中所遇到的问题不可能全部及时解决，这时悲观失望的情绪会油然而生。因此，“向内看”就是要调整自己的内心期望，要明白当外部世界无法改变时，要及时改变自我。人的智慧并不是仅仅体现在对外部世界的改造，更体现为改造自我的内在世界，即助长人的生命价值。“向内看”本身就是一种智慧，它可以让人内心充满力量，自觉地向别人学习，从别人身上汲取有益的东西来弥补自身的不足。“向内看”，在独处中注重自身生命价值，积攒生活的智慧，使人们能够抵制外界的诱惑，克服心烦气躁，让心灵得到放松和休憩，精神境界得到提高，生命价值得到释放。

总之，智慧昭示人们既要“向外看”又要“向内看”，实现外部世界与内心世界的和解。在德育过程中，教育者一方面要引导学生自强不息，追求美好生活；另一方面，教育者要引导学生调整自己的内心，实现内外通达和谐。

（四）智慧的价值取向——德性

无论从何种文化视野来解读智慧，对智慧的认识，一般都是从以下几个方面展开：一是从知识、认知层面来看，智慧是对客观事物的领悟与掌握，对未来进行准确的预见和考察。二是从实践行动层面来讲，智慧强调的是一种实践能力，是机智、灵活地解决实际问题，达到预期的目的。三是从精神境界层面来看，智慧是人生的一种向善的觉悟，是人的一种生存方式，指向人的道德精神生活，是人生境界的升华。也就是说智慧既涉及知识，也涉及能力，还关照善的境界即德性。“智慧是知识、能力在理性和经验基础上的有机统一，而这种统一是以正确观念为前提，以德性为要求的。”①

所谓德性就是优良的，好的，正面的品质，“是人们运用理智或智慧根据其谋求生存得更好的本性的根本要求并以生存得更好为指向培育的”②。具备德性的人，在实践活动中不仅会利于自我更好地生存，而且会利于他人更好地生存，抑或有利于其中一者更好地生存而无碍于他人更好地生存。冯契提出：“德性的自证首先的是真诚”，“要保持真诚就要警惕异化现象”，“一方面要破除迷信，解除种种蒙蔽，积极提高自己的学识和修养；另一方面，要去掉偏私，在社会交往中正确处理群己关系，真诚地推己及人，与人为善”。③ 趋向德性是智慧的首要前提。有智慧的人不是那种有知识、有能力但有恶性的人，却是有知识、有能力的德性之人。

在人类文明史上，智慧从出现的那一刻就与德性有着深刻的联系。在《旧约·创世纪》中，就提到吃了知善恶树上的禁果，就拥有了能辨别善恶的智慧。可见智慧与善相连，指向德性。另外，主体在实践活动中通过智慧进行比较、选择、判断、思索等环节而加强对道德的理解后，最终形成良好的道德品质，即德性。德性是智慧凝结的产物，是智慧的道德体现。而智慧本身蕴含着对德性的需求，如果智慧不能实现德性的要求，也

① 江畅：《德性论》，人民出版社2011年版，第307页。

② 江畅：《德性论》，人民出版社2011年版，第30—31页。

③ 冯契：《智慧说三篇导论》（见《冯契文集》第一卷，《认识世界和认识自己》），华东师范大学出版社1996年版，第44—45页。

就不能称其为智慧。如果一个人的德性遭到破坏，那么就会直接影响到他智慧的形成。例如，一个有贪婪等恶性的人，最终既害人又害己，因此这样的人是不会具有智慧的。而一个具有智慧的人，应该能达到德性的要求，或至少能达到德性的一些基本要求，例如善良、诚实、正直、谦虚、感恩等。从狭义上讲，智慧是一种能力，而这种能力与其他能力最大的区别之处就在于智慧的德性取向。因此，我们可以确定地说，智慧不是中性的，它是正面的、向善的。智慧水平的提高，会促使德性不断完善，一个人获得了较高的智慧，必然会形成更加完善的德性。总之，德性不在，智慧不存；大德性，具有大智慧。

综上所述，智慧与德育存在着内在逻辑上的契合，智慧德育就是要培养学生的道德智慧。用智慧的眼光看待德育，释放德育蕴含的智慧品性是本书的研究基点。

四　德育视野中的智慧

德育视野中的智慧包括两个方面：道德活动中表现出来的智慧，即道德智慧，它是德育的目标；德育过程中表现出来的智慧，即德育智慧，它指导德育实践。

（一）道德智慧

研究德育视野中的智慧我们首先要关注的就是道德智慧。道德智慧不同于一般智慧，它是构成道德的重要元素，是人们在道德活动中表现出来的智慧，是在一般智慧基础之上对道德活动领域的一种全面的引领与统摄。自古以来道德智慧就成为人们孜孜不断的追求，在道德智慧的引领下，人们才过上幸福的生活。

1. 道德智慧的含义

对于道德智慧的含义，学者的看法并不一致。有的学者认为，“道德智慧是一种知人、知己、知物的综合意识能力，是人能恰当地处理人与自然、人与社会、人与自我之间关系的综合意识和能力”。[①] 也有学者认为，道德智慧是大智慧，而不是小聪明，更不是狡黠、奸猾。这种生命的大智慧是对人生意义、价值、道路的通透睿智（这种睿智在佛教就是大彻大

---

① 吴安春：《回归道德智慧——转型期的道德教育与教师》，教育科学出版社 2004 年版，第 32 页。

悟)，也是对人们相互关系及其规律的洞悉，对社会发展规律与趋势的明察，并能审时度势，恰当地选择自己的行为目的与行为手段，做其所该做的。根据对智慧的理解，考虑到道德的特性，还有学者提出道德智慧是人妥善地认识与处理各种道德关系（问题）及选择与实施道德行为的综合能力。“妥善”中的“妥”指的是适当、恰当、适度；“善”指的是符合道德。正如张楚廷所言，道德智慧简单地讲就是“善于善”。“‘善于善’后一个‘善’字属于道德的范畴，伦理的范畴，前一个‘善’字属于智力的范畴，智慧的范畴。作为一个整体，这就是道德智慧。”①

从上述分析可以得出，道德智慧是从事道德活动的智慧，它既是人们认识和处理道德问题、道德现象的能力，也是人们通达彻悟的道德境界。道德智慧是智慧的一种表现形态。

2. 道德智慧的三个层次

道德智慧，应包括理性智慧、价值智慧和实践智慧三个层次。三者之间的综合、协调、有机发展才称为道德智慧。

第一，理性智慧。“理性智慧是人类独有的心理品质和认知能力，包括各种从理性方面认识事件、分析和解决问题，进而指导实践的能力。”② 理性智慧是人的基本属性之一，人正是以高度发达的理性将自身与动物区分开来，并使自己成为世界的认识者和支配者。德育的主要功能之一在于提高学生的道德认知能力，促进学生道德理智的良好发展。现代教育家皮亚杰认为，人的发展主要是以人的认知能力，尤其是以人的逻辑思维能力的发展为基础的。人的认知发展阶段，如品德认知发展，是与人的逻辑思维发展阶段相适应的。在德育过程中，我们要遵循学生认知发展规律，在道德认知基础上引导学生进行理性的道德判断和道德选择，将道德规范内化于心，外化于行，并在此基础上进行创新。

第二，价值智慧。价值智慧是以真、善、美为标准，以个人和社会价值为中心，去衡量一切事物是非、善恶、美丑的智慧。长久以来，我们习惯于将人的价值追求排斥在智慧范畴之外。殊不知，良好的价值取向正是人的智慧生活所不可或缺的。智慧本身具有向善求美的特性，真正的智慧或者大的智慧总是与一定的道德规范和品德上的善联系在一起。总而言

① 张楚廷：《论道德智慧》，《当代教育论坛》2004 年第 11 期。

② 胡潇：《论自思的形成及其对理性智慧的发生学意义》，《湖南师范大学社会科学学报》2002 年第 26 期，第 26 页。

之，价值判断和价值选择是一种人生大智慧，缺乏良好价值判断和选择的智慧，必然是残缺的智慧。培育学生的道德智慧就是要引导其树立正确的道德价值取向，提升其向善趋美的境界。

第三，实践智慧。实践智慧是人们改造客观世界的综合行动能力，其研究的问题主要是“怎么做”。道德智慧的落脚点是道德的实践。实践出真知，实践出智慧。人的道德理性和道德价值，最终都是通过道德实践来完成的。道德具有鲜明的实践特征，道德付诸实践要有作为自由意志主体的人的努力，这个过程是赖于人的实践智慧来完成的。道德实践具有善恶评价性，能够发挥强大的潜在力量来调整社会关系，激励人们完善内在信念，追求高尚的道德目标。德育要立足于道德实践，培育学生的主体性道德实践智慧，从而提升和解放学生的道德智慧。

3. 道德能力是道德智慧的外在表现

道德智慧是包含多种要素的复杂性结构，其外在表现是各种道德能力的相互渗透与有机融合。具体说来，道德智慧所蕴含的道德能力有以下几个方面。

道德认识能力。道德认识能力是个体道德发展的必要条件。道德认识能力是个体对道德现象的反映、理解和把握的能力。道德认识能力分为感性和理性两种类型，它对学生品德的形成与发展具有重要的作用。道德认识能力是进行正确道德判断的基础，能够促进自觉道德意图的发生，对道德情感和道德行为也有着重要的影响。道德认识能力是道德智慧形成的基础，没有对道德规范知识的认识，也就不会形成道德智慧。

道德判断能力。道德判断能力是个体正确进行道德选择和道德评价的重要条件。道德判断能力是对道德现象作出断定的一种逻辑思维能力，它既表现为评价判断，又表现为规范判断。通过道德判断人们可以对道德现象之间的关系作出断定。除此之外，道德判断通过评判善恶来引导人们弃恶扬善，从而使人们选择正确的、道德的行为。道德判断能力对道德智慧的形成与发展具有重要的影响。

道德推理能力。道德推理能力是较高阶段的道德思维能力。道德推理能力能够帮助人们产生新的道德观念和道德判断，提升人们的道德视野，提升主体的道德自由。道德推理能力是道德判断能力的发展，是借助一定的逻辑框架，由一个判断或者多个判断而推导出另一个判断的能力。道德推理能力是一种辩证逻辑的推理能力，它不仅要求形式上的严密性，更注重在道德实践中的正确性和可操作性。道德推理能力是道德智慧的理性表现形式。

道德直觉能力。道德直觉能力是建立在道德知识和经验积累的基础之上，在一瞬间，在无意识中对道德对象的把握以及对外在道德事件作出敏捷反应的道德能力。道德直觉能力省却了分析、判断等逻辑思维环节，先前存在于人们头脑中的道德图式的激活是道德直觉能力的直接动力。在复杂紧急的情况下，道德主体需要快速作出道德选择，这时道德直觉能力必不可少。道德直觉能力是道德智慧的非理性表现形式。

道德选择能力。道德选择能力是人们在一定的道德意识的支配下，依据一定的道德标准在复杂的道德环境中，在不同的道德准则或规范之间所做的自由抉择。道德选择是在道德判断的基础上，依据人的生存和发展，人性完善和社会和谐发展等客观需要形成并发展而来的。道德选择能力是道德观念到道德行为的桥梁，在面对道德矛盾与道德冲突时，道德选择能力尤为重要。道德选择能力是道德智慧的重要结果。

道德移情能力。道德移情能力是一种分享他人道德情感的能力，是指将自身置于他人所处的道德情境中，设身处地、将心比心地理解他人的道德情感的能力。道德移情能力的结果是产生情感的共鸣，进而产生与他人一致的道德情感体验。道德移情能力既包含道德认识能力，又包含道德情感能力，它是道德行为的推动因素，能够促使道德认识向道德行为的转化。道德移情能力是道德智慧的重要推动因素。

道德实践能力。道德实践能力也称为道德行为能力或者道德践履能力。道德实践能力是指道德主体在付诸道德实践的过程中，处理各种道德问题，并将道德原则、规范转化为实际道德行动的能力。道德实践能力，是以上述几种道德能力为基础的，上述道德能力的欠缺或不足会直接影响道德实践能力的水平，从而影响整体道德智慧。道德实践能力是道德智慧的最终表现，也是道德智慧的最终明证。

道德创新能力。道德创新能力是指道德主体在整合所有道德要素的基础上，新颖、独特地改造与更新道德理论、道德实践以及道德自我的能力。道德创新能力是一种综合的道德能力，是道德智慧的最高形式。通过道德创新能力，能够更好地解决道德生活中的矛盾和冲突，能够更加妥善地处理各种道德关系，使人们的整体道德能力实现质的发展与飞跃。

（二）德育智慧

德育智慧是指在学校德育中，教育者在对德育的目的、德育的价值、德育的情境、德育的过程和德育的结果深刻认识、理解和把握的基础上，形成的一种具有创造性、综合性、道德规定性的德育能力和德育境界。德育智慧是教育者德育理念、学识修养、情感与价值观、能力等多方面的综合，具有独创性、随机性、内隐性和道德性等特征。德育智慧是教育者毕生努力追求所达到的一种立足生活、尊重规律、关注个性、不断创新的境界。

1. 德育智慧是教育者直抵德育本质的深邃认知

德育智慧是教育者一种良好的内在品质，它一方面是德育过程中，教育者在对德育规律、德育情境等深刻理解和把握的基础上，机智、灵活、创造性地处理德育问题和突发事件的能力；另一方面，更是教育者在对德育本质、德育价值等洞悉和领悟的基础上，形成的关爱生命、注重个性、崇尚智慧的境界。德育智慧能够使教育者认清德育的本质，不仅明白了什么是德育，德育是什么样，更清楚德育应该是什么样。一方面，德育智慧引导教育者认清现行学校德育的状况，了解了新时期学校德育面临的问题和困难，认清其对德育本质偏离的事实，客观分析这些问题产生的原因；另一方面，教育者不放逐自身，其在德育智慧的作用下，以德育的本质为参照，以恢复德育本真为宗旨，提出学校德育发展的方向和目标，并能够有效地开展德育实践。德育智慧不是灵机一动，而是高尚的才智，在认识德育问题中要发挥应有的作用。德育智慧是对学校德育的有效把握，是教育者对学校德育的一种深层次的理性认识，是经过长期实践和不断反思而形成的。

2. 德育智慧的一个重要表现是教育者的德育机智

德育机智是德育智慧的一种重要表现，是教育者“观察、理解、分析、判断、处理、表达等能力的综合表现，是在德育知识和经验的积累、总结基础上的灵活运用”。①德育机智是在德育过程中，教育者能够敏锐地观察到情境的细微变化，并根据学生的身心特点，采取灵活多样的德育方式，同时对德育中出现的意外事件能够迅速作出正确的判断，并能够选择恰当的方法予以解决的能力。例如，教育者掌握教育分寸，适度教育学生的能力；教育者抓住德育时机，适时教育学生的能力；教育者捕捉学生闪光点，适事教育学生的能力；等等。德育机智是一种综合道德能力，这

① 张公武：《中学德育管理理论与实践》，金城出版社1995年版，第417页。

种能力联结的是，“善的实践知识和可以在特定情境中构成这种善的适当表达的合理判断”。[①] 教育者通过德育机智来实现德育过程的合理性，德育的合理性就是指学校德育的理论和实践既要遵循德育的基本规律，又要符合德育活动的最终目的。

3. 德育智慧是教育者道德人格的重要体现

智慧具有向善的特性，德育智慧必然要求教育者具有高尚的道德人格，师德本身就是一种智慧。德育是以人为对象的，德育过程本身需要道德。在德育活动中，教育者与学生相互交往，发生作用，这个过程中教育者处于主动地位。而德育智慧要求教育者要用一种人性的、道德的方式来与学生平等相处，使教育活动更加丰富、开放、和谐，充满人情味。另外，学校德育也是教育者以自身高尚的道德人格来影响学生的过程。身教重于言教，榜样的作用是无穷的。教师对学生的成长具有最为广泛、最为持久而深刻的影响力。教师要成为真的种子、善的使者、美的旗帜，诱发、引导学生丰富的心灵世界，使每个学生都能认识自身道德人格中的能力、智慧，精神发展到理想的境界。教育者必须是有道德的人，重道德的人。唯有此，教育者才能够以德育智慧的满溢之水浸润、启迪学生的思想和心灵，进而培养学生求真之志、趋善之心、向美之愿。

为了进一步深入理解德育智慧，我们需要把德育智慧同德育的能力、方法和知识进行比较，从而抓住德育智慧的本质。

首先，德育智慧与德育能力。德育能力是德育智慧的组成部分，二者都是指向德育实践活动。当然德育智慧除了关注人们的实践之外，还关照德育的价值追求。德育智慧蕴含着德性，突出的是一种综合的素质，是以能力为外在体现。能力是人主观能动性的一种体现，见之于人作用于客观世界，不涉及价值取向。而智慧的价值取向十分明确，它除了使客观满足主观的意向之外，更加强调的是主客观的统一、融通与和谐。在具体的德育实践中，德育能力和德育智慧的主体都是教育者。教师的德育能力是指在德育过程中教师顺利成功地进行德育活动所具备的心理和行为特质。德育能力更多地表现在德育具体的操作中，例如德育课堂上的教学能力，对于德育内容的挖掘能力，德育过程中的移情换位能力，与学生的交往能力

---

① Carr W. For Education: *Towards Critical EducationalInquiry*, Buckingham: Open University Press1995, 71.

以及德育的科研能力等。德育智慧则是一种品质，是一种自由、开放和创造的状态，它是教师在德育活动中体现出的人格和境界。德育智慧“由教师已臻炉火纯青的教育实践所涵泳，由教师已含化育天地的博雅知识所凝就，由教师已达驾驭自如的个性品质所培植，由教师令人叹为观止的聪明才智所酝酿”①。德育智慧蕴含着德性，以能力为核心，突出的是一种综合素质。只有通过教育者的德育智慧才能培育出学生的道德智慧。

其次，从德育方法与德育智慧的比较来看，二者既有一致，也存在着明显的不同。一方面，德育中的方法与智慧都指向德育预设的目的，这是二者一致性的主要表现。但另一方面，德育智慧又不同于德育方法。第一，德育智慧不同于德育方法那样的客观运算，它是人的生活世界的知识和经验的积累，是不能脱离主体而独立存在的。第二，德育指向人的精神世界，每个人不同时刻的精神状态都是唯一的，每一个德育对象都是独特的。因此德育智慧不同于德育方法，它并不是遵循德育的内在逻辑推演而形成的，而是更多取决于教育者的综合素质和对不同德育对象的具体情况的把握。第三，德育智慧区别于德育方法的另一个重要的特征是“不能两次踏入同一条河流”。在一个德育情境中智慧发挥的作用不可能完全复制到另外一个德育情境中。第四，德育方法是德育实施程序和组织德育行为的方式，它直接表现为具体系统的德育行为，而德育行为也被现实形成的德育方法所规定，因此德育方法与德育行为具有逻辑性的先后顺序。德育智慧则不然，德育中的智慧不是预先设定的，而是即时生成的。德育的即时性决定了德育智慧和德育行为往往是同时发生的。第五，德育方法可以脱离具体的情境而进行单纯理论逻辑的推演；而德育智慧却必须扎根于具体的德育情境，与具体道德事件的解决相依存。教育者必须设身处地进入情境，根据实际情况做出行为的选择。第六，德育智慧使人们的行为具有向善性，而德育方法是中立的，没有价值取向。

最后，我们再把德育智慧和德育艺术进行比较。其一，二者的一致之处在于都具有行为上的创造性。智慧离不开创造，没有创造就表现不出智慧；而艺术的灵魂就在于创造，没有了创造何谈艺术？因此，创造性地开展德育是德育智慧和德育艺术的共同追求，而且德育艺术是德育智慧的一种表现，德育智慧也追求德育艺术。其二，二者也存在着根本性的区别。

① 王平杰、朱永健：《教育智慧与教育机智》，新疆青少年出版社2009年版，第1页。

德育艺术属于方法论的范畴，是一整套娴熟的技能技巧，是对德育方法的灵活性、创造性运用，它立足于德育中美的追求。从前面的分析中我们可以看出，德育智慧的外延显然要大于德育艺术，它包括德育艺术，但不限于德育艺术，它还包括许多其他方面。

总之，德育智慧是每个教育者追求的目标，他们永远走在追求德育智慧的路上。在现实生活中，拥有德育智慧的教育者能够有效地应对并解决所遇到的德育问题。他们不唯书，不唯上，不墨守成规，而是能充分发挥主观能动性，创造性地解决问题。德育需要大的智慧，以此实现树人、立人、化人、达人的目标，同时催生学生道德智慧种子的萌发，开启学生心灵的大门。正是德育智慧，才使德育上升到更高的层次，也使教育者个体洋溢着灵性之光。

第二节 智慧德育的意蕴

德育本身充满着智慧，德育是人类追求智慧的手段。智慧德育是智慧地实施的德育，是促进学生道德智慧生成与发展的德育。

一 智慧德育的内涵

根据我们对智慧的理解和对于智慧德育相关概念的解读，我们认为，智慧德育就是在遵循德育规律的基础上，充分发挥教育者的德育智慧，运用科学的、艺术的、灵活的德育方式与方法，提高学生道德智慧水平的德育理念。智慧德育反映了德育的本真面目。首先智慧德育是追求“超越”的德育。它立足于现实，又不满足于现实，它重视培养学生的批判反思能力和道德创新能力，从而不断超越现实生活的束缚，实现自我发展，从有限走向无限。其次，智慧德育追求“自由”的德育。一方面，它充分挖掘学生内心深处的智慧潜能，突破传统德育模式对学生自由的压抑，主张学生道德的自我发展和自我完善，引导学生追求个性的解放和自由；另一方面，它主张教育者德育方式、方法的自由选择与创造，真正实现“教无定法”。最后，智慧德育是追求“明智”的德育。一方面，它以培养学生的道德智慧为目标；另一方面，它要求教育者运用智慧的德育方式、方法实施德育。智慧德育是提升精神境界的德育，它追求德育的向善本性，不仅关照学生对认识和改造世界的工具性需求，而且还关注学生精神世界的满足和幸福，体现出对人生的终极关怀。

从本体论意义上讲，智慧德育就是通过道德规范知识来促进学生道德智慧的发展，是培育学生智慧品格、提升学生道德智慧的活动。学校德育脱离不开知识与智慧两大核心要素，智慧是德育活动的灵魂、精神和精髓，而知识则是德育活动和学生道德智慧发展的基础。智慧德育要让每一个学生热爱智慧、追求智慧，让每一个学生的德性得到全面发展。德育是一项智慧的事业，促进学生道德智慧的成长，让师生拥有快乐、幸福的人生是智慧德育的使命。愉悦是智慧之花，幸福是智慧之果，充满智慧的人总是快乐和幸福的，追求智慧就是追求幸福，享受智慧就是享受幸福。智慧德育就是将精心选择的最有力量和价值的道德知识，渗透到学生内心世界，内化为学生的道德品质，外化为学生的道德行动，生成学生的道德智慧。智慧德育就是要让道德智慧浸润师生生活的每一天，照亮智慧的人生。

学校德育要改变过去填鸭的方式，通过引导的方式培养学生发现、掌握和运用道德知识的能力，培养学生完整的道德人格。智慧德育强调对学生道德智慧培养，这是当代知识概念本身发生变化的客观反映和趋势，是德育的重要目标。培养出具有完整性、主体性和独立个性的人，培养出有思想、有理想、有智慧、有德性的人，是学校对社会的责任，是教育对明天的承诺。智慧德育属于实践的范畴，它突破了传统的思维模式，帮助学生摆脱困惑，走出迷茫，为学生的终生幸福快乐奠定基础。在智慧德育过程中，学生学会智慧地生存与生活，从而充满信心、充满喜悦、充满快乐，在刻骨铭心的体验中获得成功的喜悦，在上下求索中打开一扇又一扇智慧之门。总的来说，有智慧的人是欢乐和愉悦的，智慧地生活着肯定是幸福的，脸上洋溢着笑容的学生，他们的头脑中肯定闪烁着智慧的光芒。这种对知识化生存的超越，是智慧德育的根本任务。

智慧德育本身是一个复杂的系统，它包含着组成智慧的各种要素，包括：智慧的教师，智慧的学生，智慧的教育影响等。智慧德育以科学的方法和学生主体发展的需要为基点，以一种主动生存与发展的价值观念，构成一种前所未有的智慧系统。教育者通过智慧的方式来培养学生的理性能力和非理性能力，培养学生的观念和思想，培养学生的道德思维能力和道德创新能力。教育者通过智慧德育的实践活动培养学生的灵性，引导他们亲近智慧，发展智慧，引导他们走向现实生活，并在内心深处产生对真、善、美的渴望。另外，智慧德育要让每一位学生的个性得到充分的张扬，使学生能够独立思考、独立学习，成为自己而不是别人。在智慧德育中，学生真正能够把学习当成一种乐趣、一种享受，心甘情愿地接受教育，自然而然地进行自我教育。

总之，智慧德育就是用教师的心灵之火，照亮学生的心灵，点燃学生的心灵，使学生由里到外焕发智慧的光辉。

二 智慧德育的特征

（一）创造性

智慧德育既表现为对德育规律和学生品德发展规律的遵守，更表现为教育者根据具体的德育实际创造性地实施德育活动。创造性是智慧德育的最高表现和最高境界，它摒弃因循守旧、中规中矩、僵化单一。智慧德育是一种具有创造性的德育理念，具体表现为：一方面，教育者要创造性地运用德育方法。教育者根据德育规律和原则，灵活运用德育方法，创造性地开展德育活动和处理德育问题，使学生的德性在生动活泼的环境中得到全面发展。教育者要创设新的情境把德育活动引向深入，或者化消极因素为积极因素，从而使德育活动更具有吸引力。另一方面，教育者要根据情境的变化选用不同的德育策略，随机利用德育事件进行教育。德育情境往往是难以控制的，事先预料不到的情况随时都可能发生。富有创造性的教育者善于捕捉德育情境的细微变化，有效地利用突然发生的状况，机敏、果断地采取恰当的措施。

（二）生活性

智慧与生活有着密切的关系，智慧生成于生活，表现于生活，并且指导生活、引领生活、创造生活。智慧德育的根本目的不在于让学生获得道德知识，而是要引导学生去选择和建构道德的生活，让学生过上幸福的生活。因此，生活性是智慧德育的重要特性。传统德育的弊端之一就在于远离了生活而失去了智慧的本源和品性。智慧德育把生活作为本源，以生活为基础，从学生生活中的实际需要、生活中遇到的道德问题和道德困惑出发，重视学生切身的生活体验，让学生在道德生活中生成、发展道德智慧；启发学生运用道德智慧来分析生活中遇到的道德问题、道德困惑、道德冲突，引导学生学会智慧地解决这些问题，过智慧的道德生活。

（三）灵活性

智慧德育改变了传统德育僵化、呆板、机械的德育模式，成为一种生机勃勃、富有灵活性的实践活动。智慧德育的最大特点就在于它的灵活性。所谓灵活性就是根据不同的情况，采取不同方式实施德育。德育的灵活性体现的是教育者的一种随机应变的能力。智慧德育的灵活性并不是对德育规律和德育原则的否定，但也不能囿于传统，而是在正确把握德育规律和把握德育原则的基础上，根据不同的德育对象和德育情境采取不同的德育方式。在智慧德育中，教育者将德育系统视为一个开放的系统，根据社会发展迅速做出相应的调整。教育者不采用固定不变的德育方法应对所有德育情境，应对所有道德事件，而是针对外部变化作出迅速反应，能够对德育过程中出现的突发问题，进行机敏灵活处理。

（四）艺术性

智慧德育是一种富于艺术性的实践活动。在智慧德育中，教育者就像一位艺术家，能够轻松自如地驾驭整个德育过程，得心应手地运用各种德育方法和技巧，自然而然地使德育活动富有幽默感，充满吸引力，巧妙地运用德育机智处理德育活动中的突发事件；用自己的心灵去感化学生的心灵等。智慧德育的艺术性能给学生以智慧的启迪、美的享受和情感的陶冶，从而提升德育的吸引力、感染力和实效性。情感是艺术的灵魂，情感因素在很大程度上决定着艺术的成败，但凡震撼人心的艺术必定蕴藏着深厚的情感。智慧德育充满着情感。在智慧德育中，教育者创造富有情感性的德育情境和氛围，使师生之间、学生之间在融洽和谐的氛围中发生心灵的碰撞，产生情感的共鸣。智慧德育具有艺术美的特质。教育者是每节课、每个德育活动的编导兼演员，整个德育实践就像是艺术表演。在具体实践中，德育过程保持自然流畅：起，能够引起学生的参与兴趣；承，能够承上启下、环环紧扣、别具匠心；转，能够自然畅达、引人入胜；合，能够令学生茅塞顿开。智慧德育的起承转合与艺术表演的道理相通。

三　智慧德育的理念

（一）智慧德育是在遵循德育规律基础上实施的德育

智慧德育是教育者充分发挥自身的主观能动性，机智、灵活、创新地实施的德育。这里有一个前提，就是智慧德育必须在遵循德育规律的基础上进行。遵循德育规律与机智、灵活、创新地开展德育并不矛盾，违背基本规律的德育活动，无法实现德育既定的目标，更称不上是智慧的德育。

德育规律对德育实践具有重大的认识价值和指导意义。它能够帮助人们对德育现象进行科学的认识和解释，帮助人们把握德育实践的正确方向，解决德育实践中的问题，对学校德育活动起着不可或缺的指导作用。智慧德育必须重视德育规律，把握德育规律，并自觉用德育规律指导实践，使德育实践达到符合规律的结果。经验告诉我们，当德育实践符合德育规律时，德育就能得到健康的发展，德育效果也会得到不断的提高。反之，若违背德育规律，德育的发展就会出现曲折，德育的最终效果也会受到损害。只有按照德育规律开展德育活动，才是德育的成功之道，才是真正符合德育的智慧品性。智慧德育必须以德育规律作为依据。

智慧德育要遵循德育的规律，用科学的理论指导学校德育实践，注意德育本身的智慧品性，培养学生的道德智慧。智慧德育不是教育者的小聪明或者灵机一动的产物，而是教育者在遵循德育规律的基础上，实现原则性和灵活性的有机统一。

（二）智慧德育是智慧实施的德育

德育过程错综复杂，随时都有可能遇到意想不到的事件，不可避免地会遇到各种各样的学生，这就要求教育者智慧地实施德育。具体的德育方式、方法是实现德育目标的重要手段。智慧地实施德育就是要采用灵活的、机智的、科学的、艺术的德育方式、方法。前面我们提到德育活动的诸要素都具有复杂性和不确定性等特征，所以单一僵化的德育方式、方法不能实现德育的既定目的。在德育过程中教育者要采取灵活的形式、方法，要以学生的道德智慧发展为中心，适应学生发展的需要，重视德育方式、方法的适切性和动态性，做到随机应变、行为适当。智慧德育要有独创性，要充满鲜明的个人风格，推崇“教无定法”，忌讳雷同。具体来讲，在德育实践过程中：第一，教育者要根据学生的要求和愿望，循循善诱地对学生开展德育，要根据学生的兴趣和特点，因势利导，激发学生学习的热情，使学生积极参与德育活动。第二，教育者要根据错综复杂的德育情境，灵活果断地处理突发事件，及时调节和消除矛盾，保证德育活动的有效实施。要避免德育方式方法的公式化、刻板化，根据德育情境的特点，采取适当的德育手段。第三，教育者要从实际出发，正确分析问题的原因，采取灵活多样的方式，有的放矢地开展德育，从而调动起学生的积极性，取得良好效果。第四，教育者在德育过程中要把握好分寸，掌握好“度”，确定自己言语和行为的适当界限，以最小的代价取得最佳的德育效果。

（三）智慧德育是为了智慧的德育

德育是一项智慧的事业，促进学生道德智慧的成长是德育的使命。智慧德育作为一种新的德育理念，它的出发点和落脚点都是学生道德智慧的生成和发展。智慧德育注重学生的主体性和主动性，真正把学生当成德育过程中的主体，使学生能够自由地选择和运用道德规范和道德知识，而不是被道德规范和道德知识所束缚。智慧德育还原了德育的本质，更加关注学生个体的道德智慧成长。它要求德育要以培养学生道德智慧为目标，以形成教师的德育智慧为关键。智慧德育的主题是培养学生的智慧型人格，发展学生知物、知人和知己的意识和能力。“道德智慧教育要求从人的道德潜能出发，尊重人的生命内在吁求，重视人的道德理性与道德非理性，将道德认知和道德信念、道德认知和道德情感统一起来……”① 智慧德育要直抵学生的心灵，使学生实现对自我实然状态的超越，奔向自我的应然状态。智慧德育要求教育者在制定德育目标时，要进行深刻的反思，进行重新定位，按照智慧德育的理念，制定德育目标及其实现途径与方法，这是进行智慧德育首先要解决的问题。

第三节　智慧德育与其他德育理论的关系

近年来，针对传统德育存在的弊端，一些新的德育理论发出了掷地有声的回应，比较具有代表性的是生活德育论、人本德育论等。智慧德育并不是一种独立的德育形态，它是从各种先进德育理论和形态中提炼出其共有的智慧品性，而形成的一种德育理念，因此，智慧德育与其他德育理论和形态有着千丝万缕的关系。

一　智慧德育与生活德育

智慧德育与生活德育都强调德育与生活的关系，强调生活对于德育、对于学生品德的重要性。关于生活德育理论，已有许多论述，不再重复。在此着重探讨智慧德育与生活德育倡导的生活的联系。

（一）作为智慧德育目标的道德智慧来源于生活

道德智慧作为人类所特有的精神，是人类在长期的生活实践中逐步形

① 吴安春：《回归道德智慧——转型期的道德教育与教师》，教育科学出版社 2004 年版，第 91 页。

成并发展起来的。在道德生活中，人将各种道德经验、知识、能力等进行整合，形成了道德智慧。如果没有经过生活的内化和整合，这些道德经验、知识就只能作为僵化的信息储存于人的记忆之中，它们只是单纯的信息堆积不能构成道德智慧。只有在生活中，经由人的生活沉淀、相融、贯通，再经由生活的整合而转化成为生气勃勃的精神，这些信息才能成为面向整个生活世界的智慧。使人真正受益的道德智慧源于生活，一个热爱生活的人可以从生活中获得道德智慧。随着人们生活实践程度的加深，人的生活会对人的道德智慧水平提出新的要求，这种要求与目前人的道德智慧水平之间形成一种不平衡的状态，会使人们产生提高道德智慧水平的需要，这是人们提高道德能力，发展道德智慧的动力。实际生活为学生提供了各式各样真实的道德情境和道德冲突，通过现实的人际交往，不仅把抽象的道德知识和规范以具体的方式呈现出来，从而提升学生的道德认知能力，培养学生的道德判断能力和选择能力，而且还会使学生的道德移情能力得到锻炼，使学生所掌握的道德规范知识转化为自己的观念和品性，使道德智慧水平得到提升。因此，生活在培养学生道德智慧方面有着无法比拟的优势，是学生的道德智慧发展的动力源泉。

（二）作为智慧德育目标的道德智慧是为了学生生活

道德智慧引导学生向周围世界开放，使学生的生活视野不断拓宽。具备道德智慧的学生能够更好地认识自身与世界的关系，使自己的生活不断得到丰富和充盈。道德智慧不仅能引导学生的生活，还能带领学生去感受生活的真、善、美，去体验生活的安宁、和谐和幸福，从而获取生活的意义。道德智慧不仅给学生以生活的技能，更能启发其生活的精神和积极生活的热情。因此，道德智慧对学生生活的影响是多方面的，它是学生道德、幸福生活的源泉。学生在德育活动中形成道德智慧，同时培养学生的道德智慧就是为了让学生过上幸福、道德的生活。道德智慧是学生生活的内在逻辑之一，学生要过上道德、幸福的生活离不开道德智慧的引领。“道德智慧具有存在着的程度问题：它越多使生活越好，而它越少使生活越坏。所以尽可能多地追求道德智慧是合情合理的。”① 道德智慧能为人生确定正确的终极目的，即道德、幸福地生活。在智慧德育中，通过学生

① John Kekes: *Moral Wisdom and Good Lives*, Ithaca and London: Cornell University Press 1995, 1.

道德智慧的提升，能够使其深刻地把握好生活，获得道德、幸福生活的真谛和要求。“智慧能使人全面而深刻地把握好生活即幸福生活的真谛和要求。”① 一个有智慧的人能辨别重要问题的核心，因此他能够把握生活中什么才是最重要的。道德智慧是一种综合协调能力，他要求人们着眼于生存与发展根本的、总体的需求来处理生活中的各方面关系，只有处理好这些关系，才能过上道德、幸福的生活。学生的道德智慧水平越高，就越可能过上道德、幸福的生活。

（三）智慧德育强调在生活中培养学生的道德智慧

如前所述，道德智慧来源于生活，又关注生活，所以，智慧德育要求克服现行德育脱离生活的弊端，走向回归生活的正轨。道德是调节人与人、人与社会、人与自然的关系的社会规范，而这些规范面向的就是人的社会生活。道德本身来源于生活，直面生活，并无时无处不存在于生活之中，生活世界是道德产生的土壤和归宿。智慧德育要根据学生的实际生活，制定切实可行的目标。要克服德育科学化、知识化的误区，立足于学生的生活经验，增强德育的人文气息和感情色彩。陶行知曾明确指出：“没有生活做中心的教育是死教育。没有生活做中心的学校是死学校。没有生活做中心的书本是死书本。在死教育、死学校、死书本里鬼混的人是死人——先生是先死，学生是学死！先死与学死所造成的国是死国，所造成的世界是死世界。”② 智慧德育要通过丰富多彩的活动来营造生活的氛围，要走出课堂，走出学校，要走到学生生活的各个空间。另外，智慧德育过程中尽量避免晦涩抽象的学术语言，而应运用鲜活生动的生活语言，使德育充满亲切感和时代的气息。正如杜威指出的：“使语言和共同活动建立正常的联系，使语言的运用更有生气，更有效果。”③

智慧德育提倡把生活中最富有影响价值的生活素材、生活因子，加以合理安排和配置，从而促进学生道德智慧发展。学生日常生活中充斥着大量的德育因素，因此智慧德育必须在生活中进行，学生的道德智慧也必须在生活中得到提升。智慧德育要贴近学生的实际生活，这样可以引起学生的关注和亲近，使其能够更加自然地接受影响。在教育者的引导下，学生在生活中会受到多方面的启示、约束、规范和帮助，使之逐渐学会和适应

① 江畅：《德性论》，人民出版社 2011 年版，第 319 页。

② 《陶行知全集》第 2 卷，湖南教育出版杜 1985 年版，第 289 页。

③ ［美］杜威：《民主主义与教育》，王承绶译，人民教育出版社 1990 年版，第 42 页。

社会生活中所必需遵守的道德规范和行为准则，逐步形成相应的道德智慧。另外，智慧德育要求教育者创设丰富多样的活动，通过活动来促进学生道德智慧的形成。只有在各种具体的活动中，学生通过实际的交往、互动和体验，道德智慧才能得到发挥和提升。在一次次真切的道德冲突和矛盾的化解中，学生的道德智慧水平才能得到提升。总之，学生的生活过程同时也是德育实施的过程，德育只有扎根于实际生活的肥沃土壤，才能结出智慧的果实。

可见智慧德育与生活德育是一起实施的。虽然智慧德育与生活德育有着密切的关系，但是智慧德育并不等于生活德育，二者的侧重点有着明显的不同。智慧德育的关注点是德育过程、目的，即德育过程充满智慧，德育本身为了智慧，智慧德育的最终目的是培养学生的道德智慧。而生活德育的逻辑线索是道德内容来源于生活，德育实践贴近生活，德育目的是让学生过上道德的生活。

二 智慧德育与人本德育

智慧德育与人本德育同样有着紧密的联系。人本德育为智慧德育的提出奠定了基础，同时智慧德育也是人本德育的实施途径，是人本德育的一种特殊形式。智慧德育强调对学生的关注、关怀和关照。

（一）智慧德育强调以学生为本

智慧德育提出要把学生当成完整、独立的人来看待，要了解学生的心理和需求，以对学生的深刻理解和研究为出发点，尽量考虑到每个学生的利益，而不是把学生当成机器或者其他客观物来看待。智慧德育尊重学生、关怀学生，理解学生，它力图创造一个温馨、和谐、舒适的德育环境，从而更有利于学生的发展，这体现了人本德育的本质要求。德育是使人向善的，它促进人的德性健康成长，为创造人的幸福而服务。德育育心、育德，关照精神，是师生心灵的一种沟通方式。德育是师生的互动活动，其中学生的活动（包括内在诉求、体验和外在行为）是主体，教师活动的目的是引领、引导学生的活动，同时又是服务性的活动。智慧德育关注学生自身的精神需求，是充满了人情味的德育，它让学生感受到爱的温馨，体验到成功的喜悦。智慧德育不是冷冰冰的令人望而生畏的过程，而是让人倍感亲切、充满生机活力、洋溢激情的活动。在智慧德育中，教育者再也不是令人敬而远之的形象，而是学生可敬可爱的长者，可平等相处的朋友。

智慧德育强调对学生的关注，坚持“以学生为本”。这就要求德育要改变“人的缺位”状态，把学生当成德育的目的、主体、出发点和落脚点，以全面开发学生的潜能、发展学生的道德智慧为根本任务。智慧德育坚持主体性是学生道德的生长点，强调唤醒学生的主体意识，增强学生的自主性和创造性，培养学生的主体精神，塑造学生的主体人格，使学生形成全面发展的个性，为学生的生活、学习、成长、发展服务。智慧德育要培养学生的“完整人格”，这是人性化德育的关键环节。按照马克思全面发展理论来理解，人格发展经历了三个阶段：即对人的依附阶段，对物的依附阶段和摆脱一切依附关系的独立人格阶段。当前，我国正处于由“依附人格”向“独立人格”发展和转变的历史时期，智慧德育就是要发展学生的“独立人格”，超越“独立人格”，尽可能地全面发展学生的一切潜能，减少学生对物的过分依附，最终使学生形成道德人格、智慧人格和审美人格等“完整人格”，只有这样的学生才能肩负起中华民族伟大复兴的历史重任，并获得事业的成功和人生的幸福。

（二）德育过程强调对学生人文关怀

智慧德育体现了人文关怀思想，强调德育的人文关怀价值。“所谓人文关怀价值，是指以人文精神为思想内核，以充分地建设人本身、促进人的全面发展为内在尺度的一种价值取向。”① 智慧德育是在马克思主义人的全面发展理论的指导下形成的，因此充满着人文关怀和人文价值。如何进一步确立学校德育的人文关怀价值，建构与时代发展、社会进步与人的全面发展相一致的现代德育目标，是智慧德育要解决的重大问题，也是提高德育实效的重要举措。智慧德育的人文关怀价值，实质上就是强调德育的社会价值和个人价值的统一。重视并逐步提高人的价值，是马克思主义对德育价值提出的基本要求。智慧德育所追求的人文价值，使德育能够真正发挥培养人、塑造人、转化人、发展人和完善人的作用，这是德育在新形势下走出困境、迎接挑战，完善自身，更好地发挥育人树德功能的逻辑起点。

人文关怀是一种精神，一种智慧，是以追求真、善、美等崇高价值理想为核心，以追求人的自由、全面的发展为目的。当前，在技术社会和信

---

① 韦兆钧：《当代德育的人学解读》，广西人民出版社 2008 年版，第 297 页。

息社会大环境下，学生认识自我、发展自我、完善自我的过程，时常会伴随着人文精神的缺失。这既是学生成长路上的一大缺憾，也是学校教育的一大缺憾。德育是人为的，智慧的教育者目光如炬，意识到人文精神缺失对学生带来的危害，他们对学生的教育必然充满人本思想和人本关怀精神。教育者对学生的人文关怀是悄无声息、细致入微的。智慧的教育者会保护学生的人格、自尊和个性，保护学生的兴趣爱好、创新思维和上进心，他们绝对不会急功近利，不会因急于求成而扼杀学生的品德发展。智慧的教育者对学生充满着爱，出于对学生的关心，便有了仁慈。仁慈产生慧眼，他们会对学生周围的一切敏感起来，从而产生对学生关怀的不竭动力。人文关怀是教育的本质力量和本源属性，它以人性发展的可能为起点，旨在培养学生完满的人格，培育学生的道德智慧，使学生成为真正的人、完整的人。

智慧德育中的人文关怀是一种情感交流、渗透的过程。首先，以情感为中介。知识只有转化为信念，才能成为精神的力量。知识向信念的转化关键在于让学生在特定情境中体验教育者的真诚、信任，接受并表达各种情感，把各种理性知识内化为情感力量。其次，要有人文情感的渗透。外在的道德知识只有通过生动的情感触及学生的灵魂，激动他们的心灵，才能成为强大的精神力量。人文关怀是通过人文精神实现情感渗透，通过情感的渗透达到精神的提升，以人文精神为核心实现真、善、美的融合。最后，要有人文情感的转移。在智慧德育实践中，教师与学生不仅要细心体验情感、渗透情感，而且要达到情感转移的效果。即学生在德育过程中能分析、理解、分享教育者的情感，同时学生在观察处于某种情感状态下的教育者时，能产生与教育者相同的情感体验。这样，枯燥的道德知识就带有了情感色彩，有了人情味，易于为学生所接受。

（三）智慧德育关照学生的境界提升

首先，关爱生命。智慧德育回归人的本质，显示生命的真谛，澄清生命的意义，提升生命的境界。每个学生个体都是独特的，向个体生命的回归是道德和德育的必然选择。智慧德育要以学生个体为基础，学生是主动发展的道德实践者。在智慧德育过程中，我们要尊重学生的生命，尝试让学生进行自主的抉择。要引导学生认识自我、悦纳自我、完善自我、超越自我，感受到生命的尊严和生活的幸福。恰当的引导最终还要落脚到学生个人的选择上。建立在个体基础之上，发自个体内心的道德需要和追求，才能称其为真正的道德，才能称其为道德的境界。

其次，提升精神。智慧德育的重要功能就是要提升学生的精神，关照学生的精神世界。苏霍姆林斯基曾经说过：“尽可能深入地了解每个孩子的精神世界——这是校长和教师的首条金科玉律。”① 精神的贫乏必然导致道德的沦丧，进而导致人的意义世界的崩塌。智慧德育提倡关注学生的精神世界，真正触碰到学生的心灵，倾听学生内心的呼声，引导学生认识自己的精神世界，发现精神世界中的真正自我。

最后，坚定信仰。事实上，现代人正在遭遇着一场严重的信仰危机。一些人在追求物质享受的同时，内心信仰却摇曳不定。在这样的情况下，学校德育必须要承担起坚定信仰的使命。智慧德育就是要让学生具有自己的信仰，给自己的灵魂找到一个可以停泊的港湾，使自己有一种真正的内心自由。信仰并不是脱离现实的形而上的存在，更不是泛道德主义和道德理想主义的泛滥，而是带有理智和情感色彩的强烈信念。我们要引导学生关注生命，提升精神，寻找并确定自己的信仰，这样才能实现德育应有的价值，才能使德育开出绚丽的花朵。智慧德育带领学生探求信仰，追寻意义，使学生个体在不断追寻中体验到生命的美好和生活的幸福。

当然，智慧德育和人本德育侧重点也有着不同。智慧德育强调学生道德智慧的发展，强调德育过程的智慧性，提倡教育者机智、灵活、创造性地实施德育，反对机械、僵化、千篇一律的德育模式，突出德育实践中，教师德育智慧作用的发挥。人本德育则突出了学生主体性的发挥，强调德育过程中对学生的关注和关爱，最终目的是塑造学生完整的人格。

① ［苏］苏霍姆林斯基：《帕夫雷什中学》，赵玮等译，教育科学出版社 1983 年版，第 34 页。

第二章

智慧德育的理论资源

智慧德育是智慧与德育的结合与统一。智慧德育的提出不是空穴来风，也不是突然的心血来潮，而是有着丰富而坚实的理论基础与知识借鉴。

第一节　马克思主义理论的指导

马克思主义理论是人类智慧的结晶，它既是我们立党立国的根本，也是我们认识世界和改造世界的重要指导思想。马克思主义理论尤其是其中的哲学思想对智慧德育理念的提出和实施具有重要的指导意义。

一　马克思主义人学理论为智慧德育提供理论指导

洞悉德育的本质，本身就是智慧的体现。对德育进行智慧性的反思，对德育本质的认识，是智慧德育要迈出的第一步。德育是育人的活动，它面对的是人，是人的精神世界。对德育本质的思考应建立在对人性理解的基础之上，从对人的理解着手。马克思人学理论是迄今为止对人、人性的分析最为全面和深刻的理论，因此也就成为智慧德育的重要的指导思想。

（一）人的全面发展理论

在《资本论》《共产党宣言》等著作中，马克思、恩格斯系统地阐发了关于人和人全面发展的丰富思想。未来社会将是“一个更高级的，以每一个个人的全面而自由的发展为基本原则的社会形式”①，是“在保证社会劳动生产力极高度发展的同时又保证每个生产者个人最全面的发展的

① 《马克思恩格斯选集》第 2 卷，人民出版社 1995 年版，第 239 页。

这样一种经济形态”。[①] 马克思提出的人的全面发展是相对于旧式分工所造成的片面发展而言的。所谓人的全面发展就是指人的劳动能力，即人的体力和智力各方面全面、和谐、充分的发展，另外还包括人的道德发展，审美情趣和个性心理的发展。

道德素质的提高，是人的全面发展的应有之义。加强道德建设，提高学生的道德素质，既是人的全面发展的内在要求，也是促进人全面发展的有效手段。马克思主张通过无产阶级革命，建立新的联合体，他不希望看到一个在新政权卵翼下物欲横流、权欲膨胀、贪贿成风、道德沦丧、进步意识消退、革命激情泯灭的社会形态，而是希望在消灭剥削压迫、金融权贵、私有制度、异化劳动和贫富差距的基础上，实现人的自由发展和人性的全面完善。人全面发展的表现就是全面素质的提高。在诸多素质中，处于总领、主导地位的就是人的思想道德素质。提高人的道德素质就是要着力塑造人的高尚精神，使人们牢固树立崇高的共同理想和科学的世界观、人生观和价值观，实现人的思想和精神生活的全面发展。道德的性质以及道德与人、道德与社会的关系决定了道德教育的最终目的就是促进人的思想品德的全面发展，这就要求学校德育必须以马克思主义关于人的全面发展理论为指导，通过智慧的德育方式，培养学生的道德智慧。“从本质上讲，人的全面发展实际上就是人的自主性、能动性、创造性、和谐性等特征的全面拓展与统一，这是道德教育的最高目的，也是马克思、恩格斯和谐道德教育思想的核心内容。”[②] 人的全面发展，是人们不断趋向智慧的表现，在这个过程中，必然伴随着人的德性的提升。智慧德育旨在培养学生的道德智慧，而智慧是向善的，因此学校德育必须要注重培养学生知善、向善、行善的能力，使整个德育过程充满道德性。

综合能力的提升，是人的全面发展的必然要求。人的全面发展就是要让人的才智和能力都得到充分的发展。之前的传统社会分工使人们的能力发展受到极大的限制，“他们每一个人都只隶属于某一个生产部门，受它束缚，听它剥削，在这里，每一个人都只能发展自己才能的一方面而偏废了其他各方面，只熟悉生产的某一个部门或者某一个部门的一部分”[③]。

---

① 《马克思恩格斯选集》第3卷，人民出版社1995年版，第342页。

② 金雁、杨柳：《和谐德育论》，中国社会科学出版社2008年版，第84页。

③ 《马克思恩格斯文集》第1卷，人民出版社2009年版，第688页。

社会生产力的高度发展，对人的全面素质提出了更高的要求。整个社会共同经营的生产不能由这些人来进行了，它需要人们的才能得到全面的发展。随着机器大工业的发展和社会化生产的普及，人的能力将通过教育得到全面的提升。“教育将使年轻人能够很快熟悉整个生产系统，将使他们能够根据社会需要或者他们自己的爱好，轮流从一个生产部门转到另一个生产部门。因此，教育将使他们摆脱现在这种分工给每个人造成的片面性。这样一来，根据共产主义原则组织起来的社会，将使自己的成员能够全面发挥他们的得到全面发展的才能。”① 人的多方面才能，更多时候指的是人的社会能力的发展，即人们在社会实践中适应各种工作的能力，包括：认知能力、研究能力、合作能力、活动能力等，并通过社会实践活动，使人们的实践能力不断得到增强，并向更高级化的方向发展。因此，人的能力的全面发展，是人全面发展理论的重要内容。

对于德育来讲，智慧德育要全面、综合地发展学生的各种道德能力，使之成为一个有机的整体，这样才能形成道德智慧。学生的道德能力包括道德认识能力、道德判断能力、道德选择能力、道德移情能力、道德实践能力、道德创新能力等多个方面。各种能力相互关联、相互渗透、相互影响，构成了学生的完整道德智慧体系。对学生道德能力的培养要无时不在，无处不有，要把它体现在学生日常生活和非日常生活的方方面面。而在这个过程中，学生的道德智慧才会慢慢形成。

总的来说，人的道德和能力的全面发展是马克思主义关于人的全面发展理论的重要组成部分，而道德与能力的有机结合促使了人的智慧生成。智慧的形成与发展要以能力为基础。人的能力有强有弱，这就决定了人的智慧水平的不同。一般说来，能力强的人，更能催生其智慧的生成，使其具有较高的智慧水平。但是，这也不是绝对的。在达成目标的过程中，能力并不涉及伦理规则和道德趋向。例如，一个盗窃犯的偷盗能力很强，它能够顺利地实现把别人东西变成自己东西的目标，而不被人发现。在这里，这个盗窃犯仅仅是能力强，而谈不上其具备智慧。所以，能力并不必然催生智慧。智慧的出现还有另外一个因素，就是道德。智慧是具有道德趋向的属性。在社会实践活动中，人们认识和改造世界的能力只有与道德相结合，才能促使人智慧的生成。当然，只符合道德要求，而缺乏相关能

① 《马克思恩格斯文集》第1卷，人民出版社2009年版，第689页。

力，或者能力没有得到充分发展，这也称不上是智慧的。能力的强弱本身也是智慧水平高低的重要体现。因此，一个有智慧的人是具备较高道德水平和较强能力水平的人。因此，马克思主义关于人的全面发展的理论为智慧德育提供了理论指导，智慧德育在培养学生道德智慧中，要将培养学生的道德素质与能力相融合，这样，才能达到形成与发展学生道德智慧的目标。

（二）人的自我塑造理论

人的自我塑造理论是马克思主义人学思想的重要组成部分。在马克思看来，人在整个生命过程中，通过自身的所作所为，实现自我，并不断追求自我的完善，最终实现充满个性的、尽可能完满的人生价值。人的自我塑造是一个以自我为实现对象，同时又以自我为实现主体的过程，即在自我塑造中，要塑造的是自我，而且这个自我只能由自己来实现。自己是自己的塑造者，人们通过自我设计和自我塑造来实现自我的人生价值。“人，就是主宰生命的那个自为个体，也就是生命活动的主宰者、支配者和驾驭者。自我存在的生命体，就意味着人是自我创造、自我规定的生命存在，这也就是人的自由性……表明他不再是生命本能的奴隶，而是成为生命本能的主人。”① 一个独特的人，完善的人，应该是充分实现自我的人。人类有一种自我实现的需要，一个人能够成为什么，他就必须成为什么，他必须忠实于他自己的本性。“关于人的科学本身是人在实践上的自我实现的产物。”②

在人的自我塑造理论指导下，智慧德育认为，学生的道德智慧是学生在自己的认识与实践中逐步塑造的，是在自主的活动中形成与发展的。智慧德育提出要通过教育者的德育智慧引导学生进行自我塑造。在智慧德育过程中，教育者引导学生从观察分析客观环境、认识他人的过程中，逐步发现自己，认识自己与环境，自己与他人的关系，并反诸于己，用新的标准要求自己、教育自己，进行道德实践。学生自我塑造是智慧德育过程的有机组成部分，是德育在学生身上引起的一种自觉的、能动的反应。智慧德育认为学生道德智慧的形成是教育者的教育和学生的自我塑造相结合的结果。虽然教育者在德育过程中始终起着主导作用，但是学生一旦形成德

---

① 高清海等：《人的“类生命”与“类哲学”——走向未来的当代哲学精神》，吉林人民出版社 1998 年版，第 222 页。

② 《马克思恩格斯全集》第 42 卷，人民出版社 1973 年版，第 150 页。

育任务所要求的一定程度、质量的道德智慧，就能立即转化为能动的自我塑造力量，形成德育过程中不可缺少的一种积极因素。

（三）人的主体性理论

人的主体性是指人类凭借自己的才智和能力等综合素质在社会实践中处于主导地位，进而成为自然界、社会、人类自我发展的主人。人的主体性是与客体的被动性、消极性相对的，具有能动的、积极创造的含义；同时又是与人本能活动、盲目活动的自发性、适应性相对立，具有自觉的、自主的、自为的内涵。马克思一直强调“人始终是主体”①。进一步讲，人的主体性是指人是一切社会活动的主体，在活动中居于核心地位，离开人这种活动的主体，社会活动就失去了根本的动力、目的和意义，社会活动也就不复存在。因此，任何社会活动的形成、发挥作用的过程及其结果，都不可避免地渗透、融合和凝聚着主体的因素，打上主体的烙印。作为主体的人，是推动社会活动乃至整个人类发展的唯一能动的源泉。在所有的社会活动中，人们面对任何对象，总要把自己从客观自然的状态中超脱出来，不满足于也不允许自己只是作为客观存在物中的一物，要以这个世界独特的主体姿态来面对这个世界。在社会活动中，人的主体性表现为对思想、自由、尊严、人格、价值等作为人之为人的要素的追求。

在马克思主义主体性理论的指导下，智慧德育倡导的是一种主体性德育，是以弘扬人的主体精神为基本特征，在教师指导下引导学生主体性发展的德育理念。智慧德育注重发现学生的价值、发挥学生的潜能、发展学生的个性，以学生的道德主体性发展为追求，以学生的人性完满为本位，尊重学生的道德需要和选择，激励学生主动参与、自我内化，在培养学生主体性能力的基础上，促进其道德智慧的养成。智慧德育要求教育者要把学生当成一个生命体、一个发展中的主体来看待。教育者要充分尊重学生在德育过程中的主体性地位，发挥其主体作用，使学生成为活动的主体，让学生在自己的主体性活动中形成与发展道德智慧。另外，教育者的主体性也要得到发扬。在培育学生道德智慧中，教育者不能袖手旁观，被动等待，而应以自己智慧、经验，创造性地实施德育。

二　唯物辩证法为智慧德育提供方法论指导

唯物辩证法是马克思主义哲学思想的重要组成部分，它科学地解释了

① 《马克思恩格斯全集》第42卷，人民出版社1982年版，第130页。

世界的普遍联系和永恒发展的本质，这对于我们认识事物具有重要的意义。唯物辩证法本身又包含着许多基本的范畴，其中共性与个性关系原理、内容与形式关系原理以及结构和功能关系原理等，对于智慧德育思想的提出具有重要的指导意义。

（一）共性与个性

“共性个性、绝对相对的道理，是关于事物矛盾的问题的精髓。不懂得它，就等于抛弃了辩证法。”① 共性就是矛盾的普遍性，是绝对的、无条件的；个性就是矛盾的特殊性，是相对的、有条件的。任何现实存在的事物都是共性和个性的统一。一方面，共性离不开个性，共性只存在于个性之中，一般只能通过个别而存在，没有个性就没有共性。另一方面，个性也离不开共性，个性必然与共性相互依存而存在，不存在只有个性没有共性的事物。在具体的实践中，一方面，我们要重视事物存在的共性和普遍规律，善于从个别的事物中，概括总结出普遍性的认识；另一方面，我们要加强对客观事物认识的具体化，从根本上区分一事物与其他事物的不同。具体问题具体分析，才能找到解决不同矛盾的正确方法。

共性与个性的关系原理为智慧德育提供了方法论指导。在智慧德育中，教育者必须遵守德育本身固有的客观规律，重视德育的科学性，按其内在的、固有的逻辑开展德育活动。同时，要善于对特殊的德育事件、德育现象、德育情境等进行分析，从特殊性中抽象出德育的共性，用以指导德育实践。更重要的是，在具体的德育实践中，要注意德育方式的灵活性，针对不同的学生、不同的情境采取不同的德育方式，做到因材施教。

智慧德育中，教育者一是要了解和把握学生的个性特点、学习能力、思想品德发展等方面的差异；二是要从学生的实际出发，能针对不同学生的不同情况实施教育；三是要使德育实践活动面向全体学生，使他们的思想品德得到全面发展。另外，教育者的教育方法要灵活多变，他可以根据具体的场景、具体的时机、具体的学生，时而穿插启发式的提问，时而组织直观式的教学，时而开展激烈的讨论，时而进行饶有兴致的对话，时而进行情景还原再现……德育方式方法新颖多变，具体问题具体分析，这样能够使学生在新奇的、美的感受中保持最佳状态，从而唤起强烈的求知欲，这样才能保证德育的效果。当然这里要注意，任何具体的、新颖的德

① 《毛泽东选集》第1卷，人民出版社1991年版，第320页。

育方式方法，都要立足于德育的共性本质。要防止德育过程中标新立异的“为新而新，为变而变”。

（二）内容与形式

现实中的事物都具有内容和形式两个方面，是内容和形式的统一体。内容是指构成事物的一切要素，形式是指事物各要素的组织结构或者表现形式。在内容和形式的关系中，首先，内容决定着形式，形式依赖于内容，有什么样的内容就会有与之相对应的形式，内容的变化必然会导致形式的变化。其次，形式又影响着内容，并对内容有着巨大的反作用。当形式适应内容时，会促进内容的发展；相反，则会阻碍内容的发展。最后，形式与内容处在不断的矛盾运动中。内容是活跃易变的，而形式是相对稳定的。因此，二者会经常发生矛盾，甚至会产生尖锐的冲突。因此，形式要及时进行调整以适应内容的发展。

内容和形式的辩证关系原理是智慧德育应当遵循的理论基础。智慧德育强调教育者要重视德育的内容，反对片面强调形式的新颖和多样而忽视对内容的把握，造成本末倒置。当然，在重视德育内容的同时，也不能忽视德育形式的作用。为了让学生更好地理解和掌握德育内容，实现德育目的，要善于根据时间、地点和条件，选择、运用适当的德育形式，从而体现出德育的智慧性、艺术性，表现教育者的德育机智。另外，德育的内容是丰富多彩的，我们在德育实践中，要善于利用不同的德育形式，将德育内容的多样性和生动性表现出来。智慧德育要充分利用多样化的形式，为学生理解和掌握、运用德育内容服务。德育内容是相对稳定的，但是德育形式却应是灵活的、发展的、具体的。德育内容要通过多种多样的德育形式，将那些抽象的概念、原理形象化、具体化，以使学生能够真正理解，并按照道德规范去实践，最终内化为学生自己的道德信念，成为他们自己稳定的道德品质。

智慧德育强调学生道德智慧的发展，但是，学生道德智慧这种形式的东西的发展离不开具体的德育内容、离不开对道德规范的理解和掌握。因此，必须在学生理解和掌握德育内容的过程中发展学生的道德智慧，而不能脱离具体德育内容的理解和掌握单独培养所谓的道德智慧。如果那样，将会使道德智慧的发展成为无源之水、无本之木，最终成为一句空话。

（三）结构与功能

结构与功能这对范畴揭示了事物的内部构成方式以及事物本身与周围

环境相互作用的动态过程。任何事物都有一定的结构和功能，结构是事物内部各要素的组合和运行方式，功能是作用于他物的外在能力。一般认为结构是指向内在要素的构成，而功能则指向事物与环境的关系。事物的结构决定了事物的功能，而事物的功能同样会反作用于事物的结构。事物的结构和功能发展到一定程度，就会促使各自的相对一方得到发展。结构的变化影响功能的变化，相反，功能的变化也会影响结构自身的组织程度。另外，通过对事物结构的分析，能够推断出功能；而通过外显的功能，也能推断事物内部的运行规律。结构是隐性的，不容易被人们所认知；事物的功能是显性的，是其结构的外在表现。

在对结构和功能的辩证关系进行深刻认识的基础上，出现了一套分析事物的科学方法，即“黑箱方法”。“黑箱方法”是控制论的主要方法，它是在考虑那些具有某种功能而内部结构不清楚的系统中，只能通过输入变化而引起输出反应，分析出系统的功能，推断系统运行效益的一种科学方法。“黑箱方法”出现之前，首先出现的是结构方法。结构方法是通过功能的过程来认识事物。运用结构方法，必须要弄清系统的结构，而对于那些超级复杂的系统，人类尚不能深入其内部，此法无能为力。于是在深刻反思结构方法的基础上，人们提出了“黑箱方法”。当我们对某个事物的内部状况一无所知时，这个事物就是一个“黑箱”，虽然我们不知道它内部的情况，但却可以完整地测出相应的输入——输出的关系，因此，“黑箱方法”就是指不打开和不损坏事物的内在结构，而仅从输入——输出的整体转换功能来把握事物的方法。

“黑箱方法”对于智慧德育实践具有重要的方法论意义。德育是做学生思想的工作，学生的思想本身就是一个极其复杂的系统，其生成机制，各要素的结构，我们不得而知。我们也不可能把人脑打开，观察和分析其内部工作的原理和机制，当我们打开人脑时，人脑也就成了没有思想的死脑。因此，我们可以运用“黑箱方法”来研究学生思想品德的形成。例如，在德育过程中，通过向学生输入预先精心准备的信息，进行全程观察与记录，根据学生输出的信息，来检验学生对某一道德规范的理解和掌握情况。通过大量的实践观察我们就能把握不同学生的特性，准确地了解学生对道德规范的理解和掌握情况，从而更加有效和有针对性地开展德育实践。“黑箱教育艺术……通过不断的输入、输出、控制、反馈来实现对教育者的教育，强调不要把教育者看做一种可以任意打开、消极地接收外界灌输的白箱，而应突出其主体地位；强调道德教育的具体性、多层次性、反复性和系统化，强调道德教育的宏观控制、中观调节和微观搞活；重视道德教育要切合实际地进行。”①

三 实践论对智慧德育提出具体要求

马克思在《关于费尔巴哈的提纲》中指出：“人的思维是否具有客观性的真理性，这不是一个理论问题，而是一个实践的问题。人应该在实践中证明自己思维的真理性，即自己思维的现实性和力量，自己思维的此岸性。关于思维（离开实践的思维）的现实性或非现实性的争论，是一个纯粹经院哲学的问题。”② 在这里，马克思肯定了两点：第一，实践是一切认识活动的源泉和基础；第二，实践是检验认识真理性的客观标准。另外，马克思主义实践人学还强调实践和人的本质生成的内在统一性，也就是说实践是人的实践，人始终是实践的人，人在实践中生成。“……但是劳动的作用还远不止于此。它是一切人类生活的第一个基本条件，而且达到这样的程度，以致我们在某种意义上不得不说：劳动创造了人本身。”③ 从人类存在的基本方式来看，实践是人的存在方式，实践的本质决定了实践在人类生活中具有基础和根本地位。实践是人类生命的特殊运动形式，人是在利用工具积极改造自然的实践活动中维持自己的生存和发展的。实践创造了人的基本特性，使人成为社会存在物，有意识的类存在物和能动的自然存在物，创造出人之为人的一切特征。正是在实践中，人成为一种自我创造的主体性存在。

实践是人类智慧形成的基础，智慧是随着人类社会实践而发展起来的。人类智慧表现为对客观事物的认识和改造。毛泽东同志说过：“无论何人要认识什么事物，除了同那个事物接触，即生活于（或实践）那个事物的环境中是没有法子解决的……你要有知识，你就得参加变革现实的实践。”④ 人类从原始社会发展到今天，随着社会实践的不断深入，智慧也在不停地发展，现代人的智慧远远超过过去。历史事实证明，人类的智

---

① 方军：《黑箱方法与道德教育》，《北京师范大学学报》（哲学社会科学版）1986 年第 5 期。

② 《马克思恩格斯选集》第 1 卷，人民出版社 1995 年版，第 58 页。

③ 《马克思恩格斯选集》第 4 卷，人民出版社 1995 年版，第 373—374 页。

④ 《毛泽东选集》第 1 卷，人民出版社 1991 年版，第 287 页。

慧来源于实践，今天我们人类的那种高超智慧就是各种社会实践不断发展的结果。每当实践前进一步，人们的智慧也向前迈进一步。社会实践越来越复杂，人们的智慧水平也越来越高超。人们通过实践提高自己的智慧水平，发展了的智慧反过来又指导人们的社会实践；这种相互作用使实践和智慧都在不断地前进。

马克思主义实践论为智慧德育提出了具体要求。智慧德育要立足实践，回归学生的实际生活。它主张尊重人的价值、重视学生主体作用的发挥，在实践中培养学生的道德智慧。智慧不是虚无缥缈、高高在上的，而是表现为面对具体困难、问题、矛盾、冲突等现实的状况，做出的明智选择与处理。此外，道德智慧是在道德实践过程中形成和发展的，正所谓实践出智慧。“智慧的视野总是现实的、生活的和实践的。人的智慧的显现更多地表现在社会实践和现实生活领域，而不是表现在抽象的思维合理性之中。”① 因此，智慧德育必须突出其实践的属性，注重道德实践能力的培养。教育者要着眼于实践和践行，要回归日常生活，不能脱离事实和实际，要让学生参与到德育实践活动中，在实践中形成道德智慧。另外，实践可以改变个体的道德知识结构，丰富道德情感体验，坚定道德意志，表现出人的主体性和创造性。总之，智慧德育必须要以马克思主义实践论为指导，要着眼于实践，要回归日常生活，不能脱离事实和实际，要让学生参与到德育实践活动中，在实践中形成道德智慧。

第二节　中国传统文化的支撑

中国传统文化博大精深，为德育理论的发展提供着源源不断的滋养。中国传统德育思想历经不同社会形态、社会制度的冲击与考验，经久不衰，历久弥新，是先辈长期生活实践的智慧结晶，成为我们实施智慧德育永不枯竭的理论资源。运用历史唯物主义的态度和方法，纵览我国历史上对传统伦理道德思想的形成和发展发挥了重要作用的一些思想家、教育家的道德和道德教育理论，我们就能够发现其中蕴藏着的丰富的道德智慧思想，至今仍有着不可低估的重要思想价值。从我国传统道德智慧中汲取合

① 靖国平：《教育的智慧性格：兼论当代知识教育的变革》，湖北教育出版社 2004 年版，第 68 页。

理因素，对智慧德育的研究有着重要的意义。

一 中国传统文化蕴含了丰富的道德智慧思想

我国传统德育思想中蕴含着博大精深的道德智慧，至今都有着不可低估的价值。从我国传统文化中去寻找道德智慧的合理因素，对于智慧德育的理论和实践具有重要的参考价值。

（一）道德认知与道德智慧

在传统文化中，道德智慧和道德认知有着密切的关系。这里的道德知识不等同于现代主知主义思想中的知识，而是一种理解和知解，含有对道德的体认问题，蕴含了道德智慧的特征。

首先，自知者明。自古以来，自我意识作为个体对自我身心活动的察觉，是对内在能力和属性的认知性把握，是人的主体性意识产生的基础。主体性的自我认知是对人类自身的主体地位、主观能动性以及人类自身与客体关系的理性把握。儒家思想中的道德认知，首先就是对自我，对道德自我的认知。按儒家的看法，每个人都有自身的存在价值，正如孟子所言："人人有贵于己者，弗思耳矣。"[①] 儒家的自我意识注重的是个人道德的自我完善与自我实现。与儒家不同，道家更加注重个体的生命智慧。老子就非常重视人的智慧问题，在老子看来人的智慧就是对外部世界的认知和对人自己的认知。"知人者智，自知者明。"[②] 无论儒家还是道家都从不同的角度强调自知的重要性，能自知的人才是具有道德智慧的人。

其次，知者不惑。知者不惑，就是要以仁德之心行事，面对外在的困扰能够淡泊宁静，心胸坦荡，用人生的智慧，从道德上分清是非善恶，不为物欲所迷惑。孔子认为，"知"作为道德判断的能力，其目的是辨惑。"惑"是对待事物矛盾的态度和简单化的态度。例如，"既欲其生，又欲其死，是惑也。"[③] "一朝之忿，忘其身，以及其亲，非惑与?"[④] 辨惑就是要用"知"的能力去克服人们矛盾和简单化的心理倾向。因此，"知"是不惑的前提和依据，没有"知"，就不能达到高尚的道德境界。另外，孟子对孔子的思想进行了发展，认为人之所以为人就是因为人能够明于庶

① 《孟子·告子上》。

② 《老子》第33章。

③ 《论语·颜渊》。

④ 《论语·颜渊》。

物，察于人伦。而墨子则提出，智慧的人一定是在了解自身能力的前提下，才去做某种事情。总之，“知者不惑”是一种高尚的道德修养能力。

总的来看，传统文化所涉及的道德认知既包括了对外在道德知识和道德规律的认知，也包括了对道德自我的内部反躬自省，这正符合智慧“向外看”和“向内看”的两个基本方向。道德认知是道德智慧最基本的组成因素，也是道德智慧其他因素产生的基础。传统文化中的道德认知体现出的道德智慧思想，对于智慧德育的实施具有重要的启示。

（二）道德情感与道德智慧

在儒家看来，道德情感是人的最基本的存在方式之一。道德既需要理智的了解，也需要情感的满足，道德理性不能离开情感而单独存在，一切道德都依赖于人们的情感。儒家崇尚的道德智慧就是指在人们的内心都潜藏着一种以道德情感为基础的向往高尚道德生活的精神追求。人的情感既是现实的，又是超越的，实现个体的自我超越是儒学道德理性的精神。作为人生哲学意义上的儒学强调的是对人生意义和道德生活的自觉，它尊重他人的生命，又要把握生命的自我，这种价值取向和伦理观念就是孔子说的“仁”。“仁者，人也”，[①] 就是要博爱，要以宽广的胸怀关心别人，帮助别人，爱护别人，即仁者爱人，这是以道德情感为基础的一种内在的道德情操和道德境界。以“仁者爱人”的思想为基础，儒家进一步强调在人生态度上要信奉“忠恕”之道和“诚信”原则，从而形成和谐的人际关系和社会风气。“诚”是真实、诚实之意，“信”是信誉、守信。“诚信”是处世的基本之道，合乎诚信的行为才是道德的行为。“人而无信，不知其可也。”[②]“诚者，天之道也；思诚者，人之道也。至诚而不动者，未之有也；不诚，未有能动者也。”[③] 另外，“仁者爱人”的另一个关键就是实行“忠恕”之道。“夫子之道，忠恕而已矣。”忠是竭尽全力，主动地为他人着想；恕是推己及人，理解他人，与人为善。“尽己之谓忠，推己之谓恕。”[④]“忠者情之尽也。恕者，反情以同物者也。”[⑤] 总之，儒家道德智慧内涵丰富，其基本精神是建立在道德情感基础上的“仁”，这无

① 《中庸》。

② 《论语·为政》。

③ 《孟子·离娄上》。

④ 《论语集注》。

⑤ 《论语释疑》。

不体现着一种崇高的人道主义精神和思想道德境界。另外，儒家思想认为恭敬、宽厚、忠诚、慈爱等，都是道德情感的需求，对他人恭敬、尊重好恶等，都是一种情感态度。唯有仁者，才能从发自内心的真挚情感出发，真正做到好其所好，恶其所恶，进而发展成为“孝悌忠信”的道德行为。

除了儒家思想之外，墨家的兼爱天下的利他主义也是对人们道德情感的又一展现。“利于人，谓之巧；不利于人，谓之拙。”① 墨子反对“为我论”的利己主义，认为人们之间不相爱是一切社会问题的总根源，唯有“兼相爱”“兼爱天下”才能社会稳定，国泰民安。“兼爱”是爱与利的统一，是对生命整体的爱，是超越时空界限的，它务求实际，要求为人生之理想付诸行动。墨子有言：“无穷不害兼。”② “兼爱”就是爱天下一切具有内在生命本质的事物，这反映出墨子厚德载物，兼爱天下的道德情操和智慧情怀。

古代德育思想涉及的道德情感一方面包括对道德真切的情感体验，另一方面包括人们的一种博爱的情怀境界，它是古代德育活动的枢纽。道德情感对道德智慧有着特殊的作用，有了道德情感的维系，人们才能具有稳定的道德智慧水平。另外，道德情感本身也能生成道德智慧，不仅是日常生活中的道德智慧，也是在精神层面的整体人格所达到的智慧境界。

（三）道德意志与道德智慧

传统文化认为，道德修养作为一种自我的价值追求，要有自我的道德意志进行控制。这里的道德意志包括：第一，自强不息的进取精神。“大哉乾‘元’，万物资始，乃统天。”③ 强调天道是人道的价值来源。天道运行不息，始终运动发展，那么人也应该发挥自身的主观能动性，自强不息，努力奋斗，拼搏进取，永不倦怠。这是人最应该具有的优秀品质和道德风范。第二，厚德载物的博大胸怀。“至哉坤‘元’，万物资生，乃顺承天。”④ 强调地道也是人道的价值来源。这不仅体现出一种自然关系，更体现对人的一种道德情怀，即从自然来寻找道德价值的根源，告诉人们要效法地道的博大胸怀和柔顺恬静的宽厚美德。自强不息与厚德载物相辅相成，一个是自立之道，一个是立人之意，刚柔并济，无所不利。第三，

---

① 《墨子·鲁问》。

② 《墨子·经下》。

③ 《周易·乾·彖》。

④ 《周易·坤·彖》。

道法自然的天人合一思想。作为一种生命本体论，“道”是具有终极意义的生命本质力量。“有物混成，先天地生，寂兮廖兮。独立不改，周行不殆，可以为天下母。我不知其名，字之曰‘道’。”① 在老子看来，道不仅是天地自然的本质，也是生命活动的源泉，同时更体现天然、质朴、混沌、空灵、原始和美好，是人生理想与道德信念的栖居之所。另外，人要自觉将自身纳入自然之中，遵循自然的规律，实现天、地、人的平衡、和谐与美满。

道德意志是道德智慧中的非智力因素，是构成道德智慧的重要组成部分。道德意志是品质、是志向、是修养，是一种特殊的道德智慧。人们在对道德价值的不懈追求中，深刻地感悟人生，产生正确的道德意念。道德意志直接催生道德意念，并对道德意念形成制约。“善念发而知之，而充之；恶念发而知之，而遏之。知与充与遏者，志也，天聪明也。圣人只有此，学者当存此。”② 在人们道德实践的过程中，人们的道德意念会随时出现。当好的道德念头出现的时候，一定要及时地予以肯定，并予以坚持和发扬，使这种好的道德念头成为一种习惯。当不好的道德念头出现时，要克服心理上的惰性，将不好的念头及时制止，将其消灭在萌芽状态。坚持发扬好的道德念头，及时制止坏的道德念头，这就是道德意志的最直接体现，而这本身就体现了人们的一种智慧修为。只有具备了坚强的道德意志，人们的道德智慧才能达到较高的水平。

道德意志教育是儒家道德教育中的重要一环，它造就了中国知识分子坚毅的品格，智慧德育要批判地继承儒家德育中对顽强道德意志培养的方式。智慧德育注重培养学生的道德人格，而在完美的人格中，其意志必然是自由的。因此，传统文化中所谓的道德意志，其外在表现应是在道德认知的基础上，理智地对欲望、意愿以及行为方式等进行自由地选择。然后，在道德意志的支配下，坚持自己的选择，并排除外来干扰，直至达到自己的目的，这时道德意志的自由得以实现。由此可以看出，自由的道德意志包括两个环节：一是选择的自由度；二是坚韧性和顽强性。然而在传统德育中，教育者只是片面强调对人们道德意志坚持性和一致性的要求，而对人们道德意志中自由选择的成分视而不见，忽视了对人们道德选择能

① 《老子》第 25 章。

② 《阳明全书·传习录上》。

力的培养。智慧德育应继承传统德育对人们道德意志中“自觉性”与“顽强性”合理因素的培养，同时更应该重视对道德意志选择性的培养，使学生在纷繁复杂的环境中，能够保持“乱云飞渡仍从容”的定力。

（四）道德行为与道德智慧

道德行为是衡量人们道德智慧的重要标志，中国传统文化中十分重视对人们道德行为的训练和道德习惯的培养。以孔子为代表，重视道德行为可以说是我国传统文化的一个优良传统。首先，孔子主张言行一致，要求言而有信，认为“人而无信，不知其可也”①。孔子反对讲大话，说：“君子耻其言而过其行”②；反对讲空话，说：“其言之不怍，则为之也难”③；反对讲假话，说：“恶利口之覆邦家者”④；反对信谣、传谣，说：“道听而途说，德之弃也”⑤；反对言行不一，厌恶“色取仁而行违”⑥ 的两面派。孔子指出：“力行近乎仁”，⑦ 认为只有将道德知识付诸实践，才算接近“仁”。孔子反对口是行非，言过其实、言行相违的空谈家和伪君子，认为巧言令色的人，是很少有仁德的，要求“听其言而观其行”。⑧ 其次，孔子要求人们以好人为榜样，效法他们的道德行为，同时还要以坏人为镜子，对照自己的行为，他要求“择其善者而从之，其不善者而改之”，⑨ 并进一步要求人们“见善如不及，见不善如探汤”。⑩ 孔子还要求慎重地选择朋友作为自己效法的榜样，他一方面要求人们虚心向朋友学习；另一方面又指出朋友有好有坏，好朋友对自己的道德行为有益，而坏朋友则有害。孔子一直提倡要通过自我觉悟来提升自己，完善自己，成就自我的完满人格，提高自己的人生境界。这就要求人们不断地学习别人的优点和长处，改正自身的缺点和不足，向贤能之人看齐，并反省自身，修德积善。

---

① 《论语·述而》。
② 《论语·宪问》。
③ 《论语·宪问》。
④ 《论语·阳货》。
⑤ 《论语·阳货》。
⑥ 《论语·颜渊》。
⑦ 《礼记·中庸》。
⑧ 《论语·公冶长》。
⑨ 《论语·述而》。
⑩ 《论语·季氏》。

“见贤思齐焉，见不贤而内自省也。”[①] 见贤思齐不是出于外在的强制和要求，而是出于人们个体内在的主动性选择。除了孔子之外，其他一些思想家也对道德行为比较重视。墨子说：“言足以迁行者常之，不足以迁行者勿常”[②]，可以看出其对躬行实践的重视。韩非子认为只有通过“行”的检验才能证明“知”的可靠。“无参验而必之者，愚也，弗能必而据者，诬也。”[③] 荀子坚守人性本恶主张，因此他强调要加强个人的行为自律，注意防微杜渐，如此才是明智的人。“祸之所由生也，生自纤纤也，事故君子早绝之。”[④] 荀子还提出，“言有招祸也，行有招辱也，君子慎其所立乎?”[⑤] 即只有严格要求自己的言行，才能避免灾祸受辱，才能形成高尚的道德人格，才能成为具有道德智慧的谦谦君子。朱熹指出，高度自觉的道德人格的养成包括知与行两个基本因素，也就是道德认知和道德践履，其中他认为道德践履又处于重要位置。“知性常相须，如目无足不行，足无目不见。论先后，知为先；论轻重，行为重。”[⑥] 王夫之在批判朱熹知先行后观点的基础上，提出了“知行相资以为用”[⑦]。他认为行比知更重要，要通过道德实践去获得道德知识，如此才符合道德智慧的内在逻辑，等等。

道德行为是人们在一定道德意识支配下表现出来的有利于他人和社会的行为，是人们道德智慧的重要表现。人们面临的道德情境是复杂多变的，人们在实施道德行为时，总是运用自己的道德智慧选择自己的行为方式。另外，道德行为还检验着人们的道德智慧，人们通过道德行为的实施，还能生成新的道德智慧。

二　智慧德育继承了中国传统文化中的德育思想

中华民族历史悠久，经过不同时代的积淀，形成了很多有价值的德育思想，智慧德育就是在继承这些优秀德育思想的基础上逐渐形成的。

---

① 《论语·里仁》。

② 《墨子·贵义》。

③ 《韩非子·显学》。

④ 《荀子·大略》。

⑤ 《荀子·劝学》。

⑥ 《朱子语类》卷九。

⑦ 《礼记章句》。

(一) 智慧德育继承了寓德于美的传统德育思想

我国古代的教育家在德育实践中十分重视寓德于美的方式，强调使学生在美的感化中不知不觉接受教育。他们认为通过美学的教育作用，能厚人伦、美教化、移风俗，从而达到德育的目的。“声音之道与政通”①，“乐可以善民心其感人深，其移风易俗”②。通过美育的耳濡目染，能够防微杜渐，达到润物无声的德育效果。形象的诗、乐等具有化情移性的作用，适合学生品德形成的特点，可以使他们“渐于礼义而不苦其难；人于中和而不知其故”③，达到成于外而化于内的功效。孔子曾指出：“与善人居，如入芝兰之室，久而不闻其香，则与之化矣；与恶人居，如入鲍鱼之肆，久而不闻其臭，亦与之化矣。”④ 韩愈也认为：“左右前后皆正人也，欲其身之不正，乌可得邪？”⑤ 他们都看到了美的外部环境对学生的熏陶作用，因此把寓德于美当成致德成才的重要方法。

美育、乐教思想对于智慧德育思想有着重要的启示。智慧德育要借助蕴含道德要素的美育活动，通过美的形象的感染力，使学生得到潜移默化的教育，使学生的审美情感得到升华，激发他们对美的、善的东西的喜爱和向往，对丑的、恶的东西的厌恶和蔑视。在深刻而崇高的审美情感的推动下，学生的道德智慧会得到更好的发展。首先，通过美育可以使人的感性快乐与理性追求统一和谐起来，使人在感性与理性的统一中成为真正自由的人。其次，通过美育能够增强人们探索真理的热情，激活科学研究中的创造性想象，还能够启迪人们的智慧，拓展思维的空间。最后，通过美育可以在潜移默化中使人们的良知良能得到积累和增储，并进而积聚、积淀为一种自由的道德心理结构和行为模式，使人们变得更加纯真和良善。

(二) 智慧德育继承了寓德于乐的传统德育思想

古代教育家指出，琴瑟、书文、音韵、仪节等形象化和喜闻乐见的活动，不仅能传授知识，而且还能培养学生的道德品质，净化学生的心灵，更能够提高学生参与德育活动的积极性。孔子讲为学之方是“志于道、

① 《礼记·乐记》。

② 《礼记·乐记》。

③ 《传习录中·训蒙大意示教读刘伯颂等》。

④ 《说苑·杂言》。

⑤ 《爱直赠李君房别》。

据于德、依于仁、游于艺”。[1]《学记》发展了孔子的思想，提出“不兴其艺，不能乐学”，并进一步解释：“不学操缦，不能安弦；不学博依，不能安诗；不学杂服，不能安礼。”[2] 德育活动中要善于激发学生的学习兴趣，寓德于乐，而乐的主要方式靠乐教。古代德育实践证明，发挥乐教对德育有着重要作用，可以收到增益学识、激励气节、美化心灵、陶冶情操的效果，并能够使德育活动充满活力和魅力。

智慧德育要善于通过各种学生感兴趣的活动来开展，以适应学生朝气蓬勃、好奇心强、兴趣广泛的特点，从而达到教师乐教，学生乐学的效果。传统德育并不缺少乐趣，而是缺少发现乐趣的智慧。通过乐教的方式，能激发学生积极情感，而积极情感有助于学生智慧的发展，进而激发学生参与德育活动的兴趣，使他们心灵得到感染，情操得到陶冶，精神境界得到升华。

（三）智慧德育继承了因材施教的传统德育思想

因材施教是我国传统的教育原则，早在春秋时期由孔子提出，后由朱熹概括孔子的思想，提出“孔子教人，各因其材”[3]。“因”是根据、适应的意思，“材”就是学生实际。孔子在教育实践中注意了解每个学生的性格、才能、志趣和特长等，做到因材施教。《论语》中记载着孔子说的：高材愚笨，曾参迟钝，子张偏激，子路鲁莽、子贡通达人情世故，冉求多才多艺；颜回能闻一知十，子贡能闻一知二，子路有治兵之才，冉求有做邑宰之才，公西华有外交之才等。孔子进行教学时，常常按照学生不同的特点施教，重视学生的个性发展，因材施教这一教育史上具有重要意义的思想由此诞生。了解学生是因材施教的前提，不了解所教之材，就不可能因材而教之。孔子了解学生的方法主要有两种，即观察法和谈话法。他从多方面观察学生的言行举止，由表及里地洞察他们的内在特点。孔子还采取有目的的谈话方式了解学生，既个别交谈，又聚众而谈。在深入了解学生的基础上，孔子从以下几个方面实施因材施教：第一，注意发挥和培养学生的特长；第二，补偏救弊，促进学生的正常发展；第三；从学生实际情况出发，进行区别教学。因材施教就是要根据不同的学生施以不同

---

① 《论语·述而》。

② 《礼记·学记》。

③ 《论语集注》。

的教育方式，使学生各得其所，迅速发展。

经过两千多年的社会变革，今天我们提出的智慧德育已远非孔子时代所能相比。因材施教思想，尽管基本内涵没有太大变化，但是在适用范围、贯彻方法等方面却有很大发展。智慧德育继承了古代因材施教的思想，要求教育者要充分了解学生各方面情况，在德育活动中主张从学生的实际情况出发，要针对学生的个别差异进行区别教学，使德育的深度、广度、进度以及方式、方法适合学生各方面的特点，使每一名学生都得到尽可能充分的发展。根据因材施教理念，教育者不能生搬硬套德育原则与方法，而应根据不同学生的实际情况采用灵活的方式方法，促进学生的道德智慧在各自原来的基础上得到最大限度的发展。当然，教育者还要处理好因材施教与统一要求的关系，以适应当前德育的现实情况。

（四）智慧德育继承了循循善诱的传统德育思想

循循善诱也是中国传统德育思想中比较有代表性的方法。孔子说："不愤不启，不悱不发，举一隅不以三隅反，则不复也。"[①] 这就是说教育者要捉住"愤""悱"的时机来进行诱导启发。孔子进行诱导启发的一个最突出的表现就是"循循善诱"。他最得意的门生颜渊根据自己的切身体会说："夫子循循善诱人，博我以文，约我以礼，欲罢不能。"[②] 所谓循循，就是有次序、有步骤；诱，就是引导。循循善诱，就是善于有次序、有步骤地用好的方法引导。"孔子善诱，孟子曰教亦多术。固遇笨拙执拗之弟子，必多方以诱之，既得其机之所在，即从此鼓舞之，蔑不欢欣而唯命是从矣。若日以夏楚为事，则其弟固苦，其师庸乐乎？故观其弟子欢欣鼓舞，侈谈学问，即知是良师也。若疾首颦頞，奄奄如死人者，则笨牛也，其师将无同。"[③] 这就是说，教师对待学生要多方设法予以启发诱导，要善于把握教育时机，多加鼓励，以便使他们"欢欣鼓舞，侈谈学问"；而不要动辄批评，更不要采用体罚的手段，否则，就会使他们"疾首颦頞，奄奄如死人"。

循序善诱体现着教育者的德育智慧水平，是智慧德育必须要继承的德育思想。德育中的循序善诱就是要求教育者善于有次序、有步骤地引导学生，帮助学生解决道德生活中遇到的问题。要耐心细致地按照学生思想发

---

① 《论语·述而》。

② 《论语·子罕》。

③ 《教童子法》。

展的规律，抓住德育时机，给予学生正确引导，只有这样才能促进学生道德智慧的发展。

第三节　当代西方相关理论的借鉴

自20世纪80年代以来，西方哲学、科学理论的发展为我们认识事物开拓了新的视野。其中，现象学理论、复杂性理论被逐步运用到教育科学领域，取得了可喜的成果。学者们运用现象学理论和复杂性理论研究教育，提出了一些新的理论与方法，对智慧德育具有重要的借鉴意义。

一　现象学理论对智慧德育的启迪

现象学是20世纪初由德国哲学家胡塞尔提出的哲学理论，后经舍勒、海德格尔、萨特、梅洛—庞蒂、伽达默尔、利科、列维纳斯等人的发展，成为一场声势浩大的、影响整个欧洲大陆的现象学运动。

（一）现象学理论及其方法

现象学的基本原则是“回到事物本身”，无论后来者对现象学如何发展，这一基本原则却从未改变过。胡塞尔把意识作为现象学的主要内容，在他看来，人们的所有思维、情感和行为，都是关于世界上某一具体事物的。现象是呈现在人的意识中的一切，而哲学的任务就是通过对现象进行理性直观的分析，获得其本质。现象学方法寻求的是没有任何成见的认识，是达到本质的唯一方法，是通向真理的道路。

现象还原是现象学逻辑的起点。所谓现象还原，是指回到事物本身，从超越的认识还原到内在的认识，从自然科学的认识还原到思维直观的认识。通过反省主观意识，从实际生活中的现象解释其本质，这就是本质的还原。“将意向体验和其对象的事实特征还原到作为它们基础的本质规定性——事实特征对于这些本质规定性来说仅仅是一些可互相替代的事例——上去。”① 现象学方法重视人的精神和意识，反对将人进行物化或者抽象化，这无疑使研究成果充满了人性的丰满，具备了人文主义的色彩。现象学重视主体的体验和意义的解释，把人置于研究之中，注重研究

---

① ［德］埃德蒙德·胡塞尔、克劳斯·黑尔德：《现象学的方法》，倪梁康译，上海译文出版社2005年版，第20页。

对象的主体以及主体精神的存在。人所经验的世界是复杂的，它包含了许多结构、层次，涉及多领域、多关系，只有通过现象还原，才能使事物不同的方面组合起来形成有意义的经验世界。为了保证现象还原的彻底性，"（1）对无论是在个别现象上，还是在整个心灵存在方面出现在心灵领域的客观设定进行方法上的、严格彻底的悬搁；（2）对杂多'现象'和统一性的方法上的把握和描述，这现象是指其对象性的统一性的显现，这统一是指在这些显现中形成的意义存在的统一"①。只有彻底的还原才是真正意义上的现象学的还原。

现象学方法强调在"直观"中认识事物，直观是认识事物本身的方法之一。现象学意味着"向对本质实事状态的原本精神直观、'直观'、'观念化'、'本质直观'挺进并在这个意义上达到'实事本身'"②。所谓直观，在胡塞尔看来就是能够把握事物本源的意识行为，或者对事物的一种直接的把握方式。狭义的直观就是指感知，是一种确切的直觉和非常充分的感知，广义的直觉还应包括想象，海德格尔认为想象甚至比直观还要本源。具体来说，人们在接近某一客观事物时，在原本显现的情况中，人们与客观对象发生关系，对象作为存在于这个世界上的可以被认识、体验之物显现给人们，这个过程就是直觉。没有了直觉，人们思维也就成了空洞的论证和判断、推理。概念无知觉则空，知觉无概念则盲。直观是认识合理的源泉，任何理论只能从直觉所反映的原本状态获得其本身的真理，先验与经验是不可靠的。

现象学是一种发现的方法，它的作用不是创造，无中生有，而是揭示、发现原本蕴藏的意义。现象学的发现范围不是无限的，它只能用来发现已经存在于生活世界的现象的意义，而不能提出"现象"本身以外的新的信息。在发现的过程中，要求人们要坚持开放的态度，尽量创造条件让现象释放其潜在的各种意义。因此，发现是研究者能建构的必要条件。另外，也有的学者把现象学理解成为一种描述的方法，通过探讨和描述生活世界中所呈现的现象，在现象中寻求事物本身的意义。描述的内容包括现象发生的背景、时间、空间、过程以及表现形式等。研究者要坚持描述

① ［德］埃德蒙德·胡塞尔、克劳斯·黑尔德：《现象学的方法》，倪梁康译，上海译文出版社 2005 年版，第 183 页。

② ［德］埃德蒙德·胡塞尔、克劳斯·黑尔德：《现象学的方法》，倪梁康译，上海译文出版社 2005 年版，第 20 页。

的原始性，不能随意地主观发挥、解释，更不能进行创造，对于所掌握的描述资料，要严格地进行分析，充分地进行理解。

另外，现象学的产生在一定程度上讲的是反思的结果。因为反思具有普遍的方法论功能，许多现象学方法只有进入反思行为之内才能起作用，所以反思是现象学必然的方法。“将经验的目光朝向我们的心理之物，这种朝向必然是作为反思，作为对原先朝向其他事物的目光的转向来进行的。”[①] 现象学实行严格的还原，这种还原与体验本质相关，现象学又涉及体验的方法。每一个自我都可能体验着，其中包含着真实或者意向的成分。反思是一种富有成效的体验，并可以以此作为新的反思基础，新的反思产生新的体验，接着又可以产生新的反思……如此循环往复，一直无穷。现象学以纯粹的意识为反思对象，强调反思者要找到一个更高的高度和更宽泛的视域来审视自己的行为，避免陷入盲目与偏见。

总之，现象学作为哲学方法内容丰富，博大精深。就本书而言，所选择的只是对于教育和德育具有明显理论启示的部分思想进行了阐明。

（二）现象学理论的启示

现象学运动的兴起引起了人类认识的发展，它作为一种哲学思想浸润了20世纪以来整个西方文化，社会生活的各个领域都或多或少地受到其影响。尤其到了海德格尔，他进一步扩展了现象学的覆盖领域，指出：“凡是如存在者就其本身所显示的那样展示存在者都可在形式上合理地称为现象学。”[②] 德育无疑是一种社会现象，用现象学的方法，还原德育现象的本身，使德育得到自身的彰显，对现象本身赋予意义，而不是通过各种概念、推理和固有理论强加其上。可以说，德育视野中的现象学本身意味着一种对待德育的方法和思维态度，它对于智慧德育具有直接的启示意义。

智慧德育研究应该是带着意向性进入“德育现场”，关注生活世界里形形色色的德育现象。也就是说，德育的出发点在于具体的德育情境，德育应立足于对于嵌在每个德育情境中的典型的德育节点（德育事件）进行分析阐释和说明。教育者必须进入德育的现实场景之中，避免受到传统德育理论的束缚与干扰，而要关注现实具体的德育情境。真正的德育研究

① ［德］埃德蒙德·胡塞尔、克劳斯·黑尔德：《现象学的方法》，倪梁康译，上海译文出版社2005年版，第180页。

② ［德］马丁·海德格尔：《存在与时间》，陈嘉映、王庆节译，生活·读书·新知三联书店1987年版，第44页。

正是从此开始，这就是现象学所指的回到事物本身。兰格威尔德认为，“如果忽略了与生活世界的联系，要成为一个教育家是不可能的”，“教育学是一门基于经验的科学，因为它把主题（教育的教学情境）置于日常经验世界”①。

在现象学理论的启示下，智慧德育主张重视德育的真情实景，注重从具体的德育现象中揭示出德育的内在本质。教育者应重视对研究资料的收集，在德育资料形成的过程中，其德育的视域不断扩展，这样，德育视域逐渐对主体的“我”显现出来。教育者必须要把对德育先前的了解和过去的认识放置一旁，以便能客观地接受自己经历的德育事件，并能够从自己的理解来进行描述。对于德育的理解和德育实践活动的开展只能以具体的经验为依据，而不是以教育者固有的价值判断或者理论解释为标准，也就是说悬置的目的在于“保留原貌”。教育者要在宏观层面上感知德育活动经验，然后逐步向微观层面渗透，能够在复杂多变的德育场景中捕捉到德育的“本真”，寻找到德育潜在的“意义”。教育者所挖掘的主题要从一点一滴的德育体验中去整理，按照一定的标准进行归类，进行进一步分析，形成新的主题。因此，分类和找出构成完整主体的线索是研究德育不可或缺的环节，而这正是教育者德育智慧之所在。

随着现象学方法的引入，德育从实证主义逐渐走向了多元融合，开始进入学生的生活世界，开始关注人本、尊重差异、鼓励创造、兼顾实践与价值。智慧德育要运用现象学中的“悬置”“还原”等方法，这为教育者提供了自我反思和重新检视德育本质的机会。对德育理论与实践的探索需要研究者以开放的胸襟和态度，改变过去自上而下的演绎推理方式，暂时将已有的种种德育理论进行搁置，采取自下而上，即在德育现象、道德现象中谋求面向德育事实本身的现象学方法。只有这样才能去了解德育本身，去追问和反思德育现象背后隐含的意义与存在的可能性，从而使德育的真正面目得以展现。教育者要用德育现象本身来阐明德育，减少对原有德育理论的依赖，要直面活生生的德育世界，要贴及地面而非大气磅礴，不是虚无缥缈的宏大叙事，而是脚踏实地细致入微，不是泛泛地进行论证，而是去接近事实本身。

---

① Langeveld, M. J., The scientific nature of pedagogy, Translated and editedby Max van Manen, From Langeveld, M. J. Bekn. opte Theoretische Pedagogiek. Groningen: Wolter-Noordhoff.

二　复杂性理论对智慧德育的启迪

科学理性指导下的简单性、单一性的思维模式显然与多元复杂的人类社会不相适应，在此背景下产生了复杂性理论。魏沃尔的《科学与复杂性》一文，开启了科学界对复杂思维的转向之后，对于复杂性理论的研究便如火如荼地开展起来了。霍金明确提出复杂性是21世纪的主题。复杂性理论是一个庞大的体系，对其研究的角度很多，并分散于许多学科之中。在此只讨论涉及教育领域的复杂性思维。

（一）复杂性理论

随着对自然认识的不断发展，人们逐步相信对世界的简单性观念是以排斥现实世界的复杂性为代价的。人们开始意识到，无论是人类社会系统还是自然世界本身都是复杂的、不可逆的，复杂性作为自然的一种属性是客观存在着的。“复杂性不再仅仅属于生物学了。它正在进入物理学，似乎已经根植于自然法则之中了。”① 法国思想家埃德加·莫兰认为：“所谓复杂性的东西不能用一个关键词来概括，不能归结为一条规律，也不能化归为一个简单的思想，换言之，复杂的东西也不能用‘复杂性’一词概括，被归结为一条所谓复杂性的规律，被化归为一个复杂性的观念，复杂性不是能够用简单的方式来加以确定并取代简单性的东西。”② 复杂性科学自20世纪80年代提出以来，已渗透到多个学科。复杂性理论极大地拓展了科学研究的领域，使人们对世界的认识从线性的、确定的、有序的传统领域，发展到非线性、不确定和无序的领域。复杂性理论以事物的复杂性以及事物之间所形成的复杂性系统为研究对象，要求人们恢复对事物本来复杂面貌的认识，探求事物的复杂规律。复杂性是一个相对的概念，它认为：第一，事物是有机的、系统的整体，事物内部各组成要素之间的作用是非线性的，每一部分的变化都会影响到其他部分，非线性的相互作用会导致新的特性涌现，不能简单地用各要素孤立的特性简单相加去解释整体的性质。第二，事物内部的系统有使无序发展成为有序的自组织能力，能在随机中将偶然与必然统一起来。第三，事物受所处环境影响，在空间展开上具有多样性，在时间历史上具有不可逆性。复杂性科学对自然界中

---

① ［比］普利高津：《探索复杂性》，罗久里译，四川教育出版社1986年版，第4页。

② ［法］埃德加·莫兰：《复杂性思想导论》，陈一壮译，华东师范大学出版社2008年版，第1页。

复杂性的研究表明，在自然界中，模糊性、非线性、混沌、分形等复杂性现象是大量存在的，自然界存在结构的复杂性、边界的复杂性、运动的复杂性，具体体现在不稳定、多连通性、非集中控制性、不可分解性、非加和性、涌现性、进化过程的多样性以及进化的种种能力上。“世界的基本性质是有序性和无序性的交混，而这正构成了它的复杂性的基础。”① 复杂性理论涉及多个方面，其中最具代表性的是混沌理论。

混沌在传统意义上是指杂乱无序的状态，而在目前的学术界特指一种新的运动状态。一般认为，混沌是决定性的、随机的，是一种不可预测的随机行为，即混沌既有决定性又有随机性，是一种宏观上无序无律而微观上有序有律的状态。混沌理论重新描述了世界的状态，完全决定论在这里得到了否定，世界被描述成一幅非线性、非稳定、不规则的图景。混沌理论认为事物具有不稳定的普遍性，初始条件十分微小的变化，经过不断放大，对其未来状态会造成极其巨大的影响。混沌系统对初始条件具有敏感性，正如一首民谣所讲的那样：“钉子缺，蹄铁卸；蹄铁卸，战马蹶；战马蹶，骑士跌；骑士跌，战士折；战士折，国家灭。”在混沌理论中，一个系统的演化起点和终点不可能是绝对的无序状态，而只是相对的。系统的演化始于混沌，终于混沌，即混沌—有序—混沌—有序……以此循环往复。混沌理论认为，简单确定的系统既可以产生简单确定的行为，也可以产生随机不确定的行为。当一个系统产生混沌行为时，其将来所要发生的行为具有对初始条件的敏感依赖性。因此，混沌理论认为，在混沌中可以进行长期的精准预测。混沌不能等同于混乱，混沌本身是一个科学的概念，它既不是概率上的随机，也不是现象上的模糊，看似混乱无规则的现象，事实上存在着秩序，同时在确定有序的系统中，又存在着混沌。在混沌的状态下，系统的某种特定的性质，可能会突然产生或消失，并可能在不同性质的行为之间迅速地变换。“混沌理论认为，一切系统的行为都是动态演化的，既不会总是稳定有序，也不会总是混沌或无序；在某一层次或某一部分是稳定有序的，而在系统的其他层次或其他部分有可能是混沌或无序的。”②

在混沌理论基础上又衍生出耗散结构理论。耗散结构理论的核心思想

---

① 吴东方：《复杂性理论关照下的教育之思》，教育科学出版社 2014 年版，第 22 页。

② 杨博文、谭祖雪：《自然辩证法新编——复杂性科学理论及其哲学》（修订版），石油工业出版社 2008 年版，第 134 页。

认为，在人们的宏观世界中，除了我们经常看到的稳定有序的平衡结构外，还有一种虽然处于远离平衡条件，但仍是一种稳定有序的结构，这就是耗散结构。耗散结构与平衡结构同为稳定有序的结构，但二者有着明显的不同：平衡结构是一种静态的结构，静态本身处于平衡条件下，不需要外界的物质和能量来进行维持。而耗散结构是一种动态的结构，需要不断地与外界物质发生交换，通过物质和能量的消耗来维持稳定有序的状态。耗散结构理论为从无序到有序建立了一座桥梁，为人们认识和研究自然现象和客观事物提供了一条新的路径。

（二）复杂性理论对智慧德育的借鉴

复杂性理论对于研究人类复杂的教育和德育现象开辟了一条蹊径。用复杂性理论来认识教育问题，会使我们豁然开朗、茅塞顿开，使教育者更加智慧。我国学者从20世纪90年代开始用复杂性思维认识我国的教育。叶澜教授认为："教育是人类社会所特有的更新再生系统，可能是人世间复杂问题之最。"① 青年学者吴东方把复杂性理论引入教育研究，指出教育的复杂性研究要通过开放式的思维、过程式的思维、完整性的思维以及诠释、对话和理解的方法来认识教育的问题。② 蔡灿新教授指出，教育的复杂性表现在"教育对象、个体学习、信息、价值参与、层次及其相互作用等方面。"③

具体到德育领域，德育活动面对的是人，指向人的道德和精神，而这正是世界上最复杂的存在。智慧德育要求教育者必须树立复杂性的思维，用复杂性理论来指导其认识德育，实施德育。在具体的德育活动中，德育系统内部存在着影响价值选择、过程实施、结果实现的多种因素，并具有多样性、非线性和不可逆性等特征，这些使得复杂性成为德育本身具有的实然状态。另外，德育作为教育的重要组成部分，它的特殊性和本质的落脚点就在于"德"，而道德现象和道德生活本身也具有复杂性的特质。因此，我们必须用复杂性来审视我们的德育，充分认识德育的不确定性、非

---

① 叶澜：《世纪初中国教育理论发展的断想》，《华东师范大学学报》（教科版）2001年第1期。

② 吴东方：《复杂性理论关照下的教育之思》，教育科学出版社2014年版，第132—141页。

③ 蔡灿新：《教育本体论研究的转向与教育本质的复杂性——复杂思维方式视野中的教育本体论研究》，《教育理论与实践》2006年第9期。

线性、不可逆性、自组织性等复杂特质性，用复杂性理论来革新德育的研究范式，改造德育的具体研究方法。

德育涉及主体的人以及与之相关的方方面面，是一个极其复杂的系统，是典型的混沌现象。将混沌理论引入德育实践，探索其新的建构机制与途径有着现实的指导意义。智慧德育应当以混沌理论为启发，要注意研究初始条件和变化对结果产生的影响，注意思维的超前性，使德育得到改革与创新，使其更具针对性和创造性。德育本身也是一个混沌的系统，德育的过程和结果会受到许多非确定因素的影响，导致德育计划、方案的改变，进而影响学生思想与行为的改变，最终影响德育目标的实现。因此要善于用不确定性来研判德育的初始条件及原因，预测学生思想变化发展的趋势，把各种不利因素消灭在萌芽状态，注重“疏导”和“防范”。要注意学生思想变化的初始条件，把握学生思想变化的质变点，注意对时机效应规律和随机性规律的把握与控制。

另外，人的精神和道德世界也是一种耗散结构，人的思想品德的形成与发展也符合“稳定—不稳定—新的稳定”模式产生的自组织现象，德育过程也可以被看作是一种自组织的过程。在耗散结构理论看来，德育之所以存在并发生作用，就是因为社会所要求的学生的道德水平与其实际的道德发展水平之间存在着不平衡。德育的目标就是使二者实现平衡，并建立新的道德耗散结构，促进人们道德水平不断提高。智慧德育就是要保持德育的开放状态，要注意不断地从外部汲取新的思想、观念和道德，创新德育内容、理念和方式，从而形成动态的道德平衡机制。教育者要善于利用学生道德的不平衡的时机进行教育，促使学生道德结构出现耗散反应，促使对外界资源更好地吸收。人的思想系统的存在和发展一刻也离不开与外部环境进行信息交流。人正是在与外部环境的不断交流中，促使思想自组织活动的形成，从而使思想不断由无序趋向有序、由较低的有序趋向较高的有序。开放性是人的思想系统的本质特征，它为思想的自组织活动提供源源不断的“原料”和推动力。[①] 因此，智慧德育必然也是一种开放的德育。

① 冷浩然等：《思想政治工作中的哲学问题》，上海人民出版社 1997 年版，第 113 页。

第三章

智慧德育的现实必然

智慧德育的提出不是主观意志的产物，它是道德与智慧紧密关系、德育本身复杂特质以及现代社会发展的必然要求，有着深刻的现实必然性。无论是从社会发展、人的发展还是道德自身的本质来看，学校德育都离不开智慧的滋养。智慧德育是德育发展的必然选择。

第一节　道德与智慧的关系要求实施智慧德育

道德与智慧从诞生的那一刻起就有着千丝万缕的紧密联系。二者你中有我，我中有你，相伴相生，相互促进，这就决定了学校道德教育要体现道德的智慧品性。

一　道德的形成需要智慧

个体道德是经过认知、理解、选择、认同、信奉、实践等环节而形成的。这一过程是一个与智慧有着密切联系的活动过程。道德形成的过程本身就是智慧发生作用的过程，是人们通过知识、能力、经验、价值等智慧要素协同作用而追求美好生活的过程。智慧对道德观念的形成具有重要的意义，道德是智慧的产物和体现，如果人们失去了智慧，就不可能形成正确的道德观念。“从道德产生的基础来看，道德发端于整个人类的知识和智慧，与人类广泛的知识、智慧休戚与共……世上不存在游离于知识、智慧之外的道德，道德一定是发端于整个人类知识、智慧之源的。”①

---

①　吴安春：《回归道德智慧——转型期的道德教育与教师》，教育科学出版社 2004 年版，第 31 页。

道德不是与生俱来的，良好的道德是人们在实践生活中，在智慧的反复作用下形成的心理定式和行为习惯，是通过自觉的智慧活动逐渐积淀而形成的。生活环境是复杂多样的，一些消极、负面的因素有着较强的诱惑力。只有运用智慧，人们才能抵御不良外在环境的影响，保持善性的品质，避免恶性的沉沦，才能形成利于人们更好生存和生活的道德。另外，人的道德并不是一个完成的状态，它始终处于不断发展的过程中。因此，某一阶段人们形成了相对确定的道德后，并不意味着就不再需要智慧，而是需要在智慧持续地作用下，应对不断发生的社会生活变化，也就说人们道德水平的提高要求智慧水平的不断提高。

智慧不同于智力、能力，智慧本身蕴含着对道德的需求，智慧具有道德取向，所以，道德与智慧是正相关的关系。“智慧对于德性形成有重要意义，没有智慧，不可能有德性，从一定意义上说，德性就是智慧的结晶，是智慧的道德体现。”① 智慧水平越高，人们的道德活动越经常、越丰富。因此，人们对良好道德的向往与追求促使其对智慧的重视。学生最初的道德意识来源于自身的耳濡目染和父母、老师的引导和要求，当学生有了自我意识之后，就会对原来的道德要求进行反思，并开始积极主动地接收新的道德。这个过程伴随着智慧的发展，也就是说学生从自发或顺从他人到自觉自愿认同和践行道德这个过程是智慧在发挥作用（有的学生由于智慧水平的低下，不能顺利实现这个转变过程）。还有一点，上面我们提到的学生无论是自发还是顺从所形成的道德，在现实生活中经常面临严峻的挑战。例如，有的学生从小就树立了“不要说谎”的信念，但这种信念并不是真正的“诚实”的道德品质，因为真正的道德是向善的。“不要说谎”一般来讲，是向善的，但在某些特殊情况下，却背离了向善的初衷。因此，真正的道德必然要通过学生主体进行反思、甄别，最终做出符合善性的选择。另外，道德形成的前提是对善恶作出准确判断，而智慧的主要功能就是使人知善恶、明是非。人的道德培养的过程就是运用智慧的过程。比如以培养人的协作品质为例，人有自私的倾向，与他人存在利益冲突，但是通过智慧的反思，人们会明白自身的这种倾向不利于更好地生存，只有树立协作的品质，与他人团结、协作，才利于个人更好地生存。由此可见，人们只有运用智慧才能解决道德生活中的问题。一句话，

① 江畅：《德性论》，人民出版社 2011 年版，第 327 页。

现实生活对不确定的道德品质的挑战和人们对真正善性品质的向往必然要求人们去开发、培养智慧。

二　智慧是构成道德的要素

构成个体道德的要素是多维度的，包括道德观念维度、形式维度、能力维度，而智慧就属于道德构成因素的能力维度。在传统意义上，人们习惯于把道德的知、情、意、行当作道德的构成要素，这只是形式维度来认识道德，而忽略了道德的能力维度，也就是忽略了智慧在道德结构中的作用。人脑中的道德观念与现实中的道德实践以及与外部的道德环境之间的关系，需要人们的智慧来进行处理和调节。智慧本身就是构成道德的特殊一维要素，没有了智慧，道德就无从谈起。事实上，智慧贯穿于道德形成过程的始终，浸润着道德形成的各个环节。所以，古希腊将智慧作为四主德之一，我国传统道德将智慧作为“五常”之一，现在一些研究道德、研究德性的著作、教材将智慧作为重要的社会外在的道德规范和个人内在的道德品质。

智慧是构成道德的重要组成部分，而这里主要是指道德智慧。作为道德的组成部分，道德智慧是道德的指导因素，引领着人们的道德发展方向。道德智慧既然是道德的一个部分、一个因素，那么，显然一个人越有道德智慧，他的道德水平越高，从而对社会和他人有利的行为越多，而有害的行为越少；越没有道德智慧，他的道德水平越低，从而对社会和他人有利的行为越少，而有害的行为越多。这是道德智慧发挥作用的规律。利人与害人之间，关键在于道德智慧指导作用的发挥。道德智慧既是一种人生智慧，也是一种明辨是非、爱憎分明的能力。然而，长期以来人们往往急功近利，精于算计，忽视道德智慧的作用，这大概就是人们往往把道德高尚的人称为“傻子”的缘故。而事实上我们看到，那些所谓的“精明人”，却常常反而落得一个“聪明反被聪明误——反算了卿卿性命”的可悲下场，这就是缺乏道德智慧的表现。没有了道德智慧，人们做事就如同“盲人骑瞎马”，是非常危险的。不论从个人、社会哪个角度看，道德智慧始终指导着人们的行为。因此，学校德育必须要培养学生的道德智慧。

三　道德规范的践行需要智慧

道德作为上层建筑和社会意识形态，具有实践性、价值性、规范性等特性。在传统德育中，道德规范被简化成为“必须这样做”的一种形式，至于“为什么如此做”“怎样去做”则成了一个无须考虑的多余问题，道德规范在形式化的过程中被抽去了具体内容对伦理关系的生动表达。“当一种道德义务、规范要求被作为一般要求表达时，它就蜕去了具体时空场景境遇条件之规定，而仅仅成为一种缺少内容的抽象要求。这就是道德义务的形式化过程。道德本身在这个形式化过程中获得了自身的普适性与可公度性。”①

具体来讲：首先，道德规范具有概括性。道德规范是对相对稳定的道德关系的概括和总结。由于道德规范属于概念的范畴，而概念是忽略了事物的不同之处而将相同之处总结到一起。因此，道德本身具有概括性，这就决定了道德规范具有普遍性，成为一种抽象化的要求。其次，道德规范具有模糊性。道德规范的模糊性是普遍存在的，而且是不可根除的。道德规范界限不清晰，状态不明朗。道德规范形式又经常与宗教、法律等形式重合，与责任、义务划分不清。这些都导致了道德规范的模糊性。最后，道德规范还具有含义多样性。一方面具体道德规范的内涵和外延在不同程度上存在着界定不明确的现象；另一方面每个人都有自己不同的道德知识结构，每个人在不同的时期、不同的场景下对同一道德规范的理解也不尽相同。因此，道德规范的含义多样性是客观存在的。

然而，某一确定的道德规范总是在具体的时空条件下形成的，人们对道德规范的践行也是在具体的社会生活场景中展开的，因此，道德规范在日常的生活践行中必须要有具体性、切适性和灵活性。道德规范的确立就是要调节和解决人们日常生活中的行为选择，使人们获得存在的自由。所以，一种道德规范必须在具体的社会伦理关系中、具体的生活实践中才能实现。这就要求在具体的道德实践中，人们必须发挥智慧的作用，通过对具体道德情境的分析，把抽象化的道德规范转化为实际生活的道德要求。另外，道德规范的概括性、模糊性以及含义多样性等特征决定了人们对道德规范的准确把握和运用需要智慧。道德在实际生活中发挥作用的过程离不开智慧的作用，人们要根据具体的道德问题和道德情境，灵活地、创造性地运用道德规范，才能保证道德规范的科学践行。

---

① 高兆明：《存在与自由 伦理学引论》，南京师范大学出版社2004年版，第369页。

第二节　德育本身的复杂性需要实施智慧德育

德育是一项充满复杂性的实践活动，这就决定了德育的有效实施需要智慧。具体来讲，德育的复杂性主要体现在以下几点。

一　德育对象的复杂性

德育的对象是众多的学生，而每个学生都是独特的、唯一的，其知识水平、道德发展水平、心理特点等具有很大的差异。因此，同样的德育模式和方法作用到不同学生身上，会产生不同的效果。使学生产生巨大差异的因素包括：对学生各种各样影响客观因素的汇合（包括学校、家庭、社会以及各种非正式组织的影响）；学生的某些已形成的观点、志向、习惯、爱好；揭示学生内心状况的困难（学生常常是自己也不知道造成自己状况的原因）；同一教育活动所得到的不同结果；学生个性的好动性，等等。[①] 在德育过程中，教师面对的是学生这个群体，直面学生的差异性。它既不是分散的"一对一"，也不是统一的"一对多"，而是在共时空条件下，既要"一对一"又要"一对多"。这使学校德育的复杂程度陡然增加，从而要求教育者要充分利用自己的智慧来有效应对德育对象的复杂性，做到因材施教。

二　德育开端的复杂性

从理论上讲，德育一般是按照知—情—意—行的顺序进行的，以知为开端。然而，在实际德育中，德育过程具有多端性。德育开端的复杂性主要是德育可以从知、情、意、行的任何一端开始进行。这是因为，个体德育的知、情、意、行等要素具有相对的独立性，且其发展方向和水平往往是不平衡的。因此，教育者在德育中究竟以哪一个要素作为开端，需要教育者充分发挥自己的德育智慧，根据具体的德育内容及不同学生德育的知、情、意、行发展的实际情况来确定，有的放矢地对学生进行教育，使学生的品德在知、情、意、行几个方面得到均衡发展。

① ［苏］巴拉诺夫等：《教育学》，李子卓等译，人民教育出版社1983年版，第195页。

三 德育过程的复杂性

首先，相对于智育、美育和体育来说，德育过程具有异常的复杂性。因为德育就是要引导学生处理好各种关系，它要求学生以利他或者超越的方式处理好与他人、与社会等的利益关系。人与人之间的关系，尤其是涉及利益的关系是异常复杂的，这就决定了指导学生处理人与人之间关系的德育过程必然充满了复杂性。其次，德育过程所解决的问题常常以一种隐蔽的方式，综合地潜藏在学生的发展中。这些问题非常隐蔽，但是必须要解决，需要教育者敏锐地去发现，更重要的是在解决过程中还不能过于生硬地“直截了当”，需要长期缓慢地浸润、濡化和熏陶。再次，学校德育界限具有模糊性。学生的许多道德问题是由学校以外的家庭及社会影响等因素造成的，这些对学生发生负面影响的因素虽超出了学校的范围，学校有时对这些影响无能为力，但学校德育却不能不考虑这些因素，教育者也不能以工作界限为由推脱对学生的教育责任，这决定了学校德育必然充满复杂性。最后，学校德育是对学生的一种价值建构和意义赋予，它包括知识、能力、态度、情感、人格、精神等多方面的价值负载，使德育活动呈现出不同于以事实关系为主的专业工作的复杂性。德育不是一种技术活动，而是一种人格影响。面对如此复杂的德育过程，要有效地进行德育，必须实施智慧德育，充分发挥教育者的德育智慧。

总之，学校德育是一种实践活动，但它不同于其他实践活动，有着其独特的方面。一般实践活动的对象和手段都是客观存在物，而德育面对的是“人”，是人复杂的精神世界。人本身的复杂性决定了德育活动具有复杂性。对于人的培养，不能像制造机器零件那样，通过预先设定好的方案或者具体的操作手册进行，它需要教育者具体问题具体分析，这个过程需要教育者的智慧。因此，德育本身的复杂性要求实施智慧德育。

第三节 德育现状要求实施智慧德育

当前，我国德育虽然取得了长足的发展，但知性德育、注入式德育以及形式主义德育理论与实践的影响仍然存在。上述理论与实践在不同的方面都有着各自的积极意义，但又不可避免地存在一些弊端，导致学校德育陷入困境。基于此，我们提出了智慧德育理念。

一　对知性德育的超越

智慧德育是适应当今社会发展的客观要求，是德育理论与实践发展的必然结果。它蕴含知性德育的理性和科学，但又克服了知性德育固有的弊端与狭隘，是对知性德育的超越。

（一）知性德育的弊端

长期以来，在我国学校中知性德育是一种影响非常大的理论与实践，尽管近些年来知性德育受到了人们的批判，但是，它并未完全从学校退出。所谓知性德育就是从抽象的道德概念和理性能力出发，脱离现实生活与完整人性，将德育等同于知识教育。知性德育有着正反两方面的内涵。一方面知性德育意味着崇尚知识、热爱思考、追求科学，表现为人们认知的高雅、智慧、理性等特点；另一方面，知性德育又伴随着对知识的过分依赖，它片面、僵化、孤立地倚重概念和理论体系，忽视了感性和实践，成为脱离生活的知识灌输形式。

知性德育就是把道德知识的传授、道德思维能力的训练当成德育的全部。道德知识是德育的基础，没有一定的科学道德知识的积累，学生就无法形成高尚的道德品质。同时，道德思维能力也是学生道德形成的必要条件，没有一定的道德思维能力，即便有了道德知识的积累，在面对道德问题时，也不能做出正确的抉择。从这个角度上讲，知性德育有一定的合理性。然而，知性德育强调外在道德知识不可置疑的权威性，轻视甚至否定学生已有的“个人知识”。它虽然也强调学生的主体性，但学生在这里是虚假的“主体”，教育者对于学生的道德需要和道德学习具有绝对的话语权。知性德育坚持控制性的教育文化，它注重德育过程的秩序性和按部就班，过分注重技术化的教学设计。具体来讲，知性德育主要存在以下问题。

第一，知性德育是以道德知识传授和学科教学为载体而进行的，是一种认知性的德育。在这个过程中，教育者只能传授给学生道德知识，而忽视道德情感陶冶和道德实践。这样，学生即便掌握了道德知识，也不意味着他们就具备了区分善恶的道德判断和道德选择能力，容易导致言行不一，知行不一。

第二，知性德育深深地打上了科学主义和行为主义的烙印。知性德育企图运用所谓科学的、放之四海而皆准的固定方法进行德育。它强调借助现代教育技术，把德育过程技术化、模式化，使德育等同于行为技能的训练，泯灭了德育的人文价值，使德育成为一种隔离人心灵的机械训练。

第三，知性德育将培养“知识人”作为德育的目标。将学生理解和掌握知识作为德育的目标，这本是无可厚非的，因为知识是形成学生品德的基础。但是，知性德育将学生掌握知识、培养“知识人”作为德育的唯一目标，正如鲁洁教授所指出的那样，“在学校教育的视界中，知识被看成是人的唯一规定性，看成是人之本质。学生们是用知识一片一片搭建起来的，充塞于学生心灵的唯一就是知识。学生的存在要由他拥有的知识来确证，当他们不具有可以被确认为存在的知识时，他们也将失去学生的资格。他们的价值也只能依据其所拥有的知识来判断，他（她）是个优等生还是个劣等生，他（她）在学校、班级中的地位与身份，全在于其知识学习之优劣；至于其他品性如道德品质之类，经常可以为‘一好’（知识学习好）所替代”……知识被扩张为人性的全部，人性中的其他部分，如伦理道德、审美情操等，则都被虚无化。[①] 尽管有的教育者也注重培养学生的思维能力，但是也仅仅将其作为学生获取知识的手段，是为学生获取知识服务的。这种将培养“知识人”作为德育唯一目标的知性德育不仅不能提升学生的道德智慧，反而会阻碍学生道德智慧的发展。

知性德育认为，学生占有的知识越多，也就意味着其道德水平越高、道德智慧水平越高。它只关心占有，不考虑生活；只讲理性，不讲人性。在其影响下，德育成为培养学生考试竞争能力的“练习场”。“当整个社会被嵌入到一个以人与人之间的激烈竞争为最显著特征的市场之内的时候，教育迅速地从旨在使每一个人的内在禀赋在一套核心价值观的指引下得到充分发展的过程蜕变为一个旨在赋予每一个人最合适于社会竞争的外在特征的过程。”[②] 知性德育通过强化道德知识传授来提高学生考试竞争力，而人格修养和道德智慧与境界被逐渐抛弃。虽然知性德育受到众多专家学者的批判，但它在我国学校中仍有一定的市场。

（二）知性德育的乏智表现

1. 知性德育本身缺乏智慧

知性德育割裂了德育与智育、内容与形式、认知与情感、德知与德行

---

① 鲁洁：《道德教育的当代论域》，人民出版社 2005 年版，第 273 页。

② 汪丁丁：《教育的问题》，《读书》2007 年第 11 期。

以及德育与生活的联系，导致德育缺乏智慧的润泽而陷入困境。知性德育以道德知识为本位，片面推崇德育的知识传递功能。在实际操作中，知性德育标准的操作流程，强调德育过程的标准化、程序化、规范化和精确化，束缚了学校德育的创新和发展，是一种缺乏智慧、丧失灵性、僵死的德育运作形态。

首先，知性德育的狭隘和片面导致其失去了智慧的内涵。知性德育束缚了教育者的视野，影响了教育者对学校德育的意义、价值以及德育过程的丰富内涵的全面认识和把握，阻碍了教育者德育智慧的发挥和发展。知性德育秉承了把德育的本质视为教师教授知识和学生掌握知识的特殊认知过程的理念，这样的认识看似合理，但它忽略了学校德育所肩负的多方面使命和德育活动丰富的意义、价值。事实上，学校德育除了所肩负的道德知识的传递外，还肩负着许多其他更为重要的使命，如对学生道德智慧的培育，道德情感的丰富和发展，完满人格的培养，生命价值的提升等。由于没有全面反映学校德育所承载的多方面使命和应有的丰富智慧内涵，因而知性德育在理论上是对德育价值认知的简单化，同时也造成德育实践操作的简单化。在德育过程中，体系学科化、课程知识化、注入式教学是知性德育简单化的集中表现。在这样的德育中，教育者无视学生的生活世界，学生生活在德知与德行两个分裂的世界中，学生的主体性遭到泯灭。学生们只是学得了单纯的道德知识，而无法内化为道德情感和道德信念，也无法通过道德实践外化为道德行为，更无法升华为道德智慧。同时，简单化地认知和操作，妨碍和限制了教师的思考，使教师的德育实践处于简单化的惯性之中，教师智慧得不到任何施展。知性德育的狭隘和片面使德育失去了智慧的品性，使德育变得干瘪乏味，失去应有的魅力，导致学生的厌烦。

其次，知性德育操作的技术化取向和标准化形式导致其失去了智慧的光芒。在具体的实践中，知性德育具有高度的技术化取向和工业化标准生产的特征。它强调学校德育过程高度规范化、统一化，具有高度的可操作性，把学生的培育当成利用模具的标准化生产。由于高度的规范要求，教育者在德育过程中创造性发挥的空间受到了极大的限制。按照知性德育的操作要求，学校德育内容的设计追求高度的完整和细节化，德育过程的每个环节都追求高度的精确化和程序化，每个阶段的前后衔接，起承转合都设计得严丝合缝，每个章节用时多少都要做到精心计算。整个德育过程中，教育者唯一要做的就是完美无缺、高度精准地执行德育计划，实现这些预设目标。我们试想，面对异常复杂的德育现象，教育者在具体德育活动中及时处置德育现场变化，机智处理突发状况，灵活面对学生多样化需求的空间以及创造发挥的空间会有多大啊？然而，知性德育操作的技术化取向和标准化特征从根本上束缚了教育者德育智慧的施展，使原本彰显着智慧光芒的德育失去了机智性、灵活性、创造性和随机性，使学校德育成为机械的、僵化的、呆板的“工厂零件加工”，失去了灵性和活力，失去了智慧的光芒。这种简单的操作模式无法应对复杂多变的德育现象。

案例：

年轻初中教师王某工作三年后，陷入了误区。在担任班主任期间，工作比较认真，但只是按照教学大纲和学校要求照本宣科，没有自己的工作思路。她对所有的学生几乎都是用同样的教学方法，反复进行教育，一次不行，两次，两次不行，三次，致使学生和自己都很疲惫，学生对其也产生抵触，最终整体班风班貌很不理想。

校长找其谈话：“小王，最近你所带的班级经常出现各种状况，是怎么回事?”

小王说：“我也不知道，我按照学校的要求，已经很努力了，不知为什么效果却不理想。”

校长说：“班主任工作的对象是全班几十名学生，虽然这几十个学生具有这个阶段心理、生理发展的共同特点，但是同一个年龄段的学生，由于各种复杂因素的影响，他们之间千差万别，班主任可不能用一个模式去解决几十个学生中发生的所有这样那样的问题。”

小王说：“具体我应该从哪方面入手呢?”

校长说：“《论语》中有这样一个故事，是关于孔子与子路、冉有、公西华的一段对话。子路问，‘听到了行动就要起来吗?’孔子说，‘有父兄在，应当向他们请示，怎么可以一听说就行动起来呢?’冉有问，‘听到了就行动起来吗?’孔子说，‘听到了就行动起来。’公西华觉得很奇怪，就问孔子，‘仲由（即子路）问，你说有父兄在，不能这么做；冉有问，你却说，听到了就行动起来，两人所问相同，而你的回答并不同，使我迷惑不解，特大胆地请问这是怎么回事?’孔子说，‘冉有退缩不前，所以要鼓励他前进；仲由好胜过人，所以要让他收敛一些。’孔子的教育因人而异，也就是他倡导的因材施教。作为一名班主任，不能只是机械僵化地执行学校的教育教学指令，要发挥自己的主观能动性，运用自己的智慧，创造性地实施教育教学，其中对学生因材施教就是重要的一点。”

小王问：“那么，怎么才能做到对学生因材施教呢?”

校长：“要做到因材施教，必须要了解学生，研究学生，掌握学生的千差万别。作为班主任，不仅要了解学生的外在表现，还要了解学生的内心活动，要了解他们的生活个性、志趣爱好，要知道他们在想什么，准备做什么……，只有对学生了解入微，才能够做到知人善教，才能够取得教育的主动权，在教育学生的工作中由不自由到自由，使自己的工作有所创新，富于活力。”

小王听了校长的话，自己摸索着一步步去改变，工作效果果然有了很大改善。

当然，在此我们并不是对知性德育进行全盘否定。知性德育克服了过去以强制性、蒙昧性为特点的德育的诸多弊端，使德育寻回理性。但是其固有的狭隘性和机械单一的方式确实造成了学生对学校德育的抵触，学校德育实效性低下，失去其应有的价值。基于此，我们提出要实现对知性德育的超越，就要践行智慧德育理念。

2. 知性德育不利于学生道德智慧的培养

知性德育将德育过程看成一种单纯的道德知识传授，忽视对学生道德智慧的开发和培养。知性德育重视道德知识的作用，忽视情感和实践因素，将人的道德认知看成是德育最重要的，甚至是唯一的内容，窄化了德育的内涵，将学生道德形成的过程当成道德知识学习与掌握的过程，用对待物的眼光来对待学校德育。知性德育没有把德育当成一种内含生命体验和情感特质的生活实践过程，而是当成知识传授和认知开发，使学生成了装满道德知识的容器，科学理性成了其唯一追求，道德智慧的培育被抛之脑后。知性德育弱化了对人本身价值和生命意义的认识和追求，漠视对生命活力的开发和意义的创造，变成了压抑个性、异化生命、桎梏灵性的机械训练，德育的目的被德育的手段所遮蔽。知性德育对道德知识片面强调甚至唯尊的观念，不仅伤害了学生的“求知欲”，而且伤害了学生的“求智欲”和“求善欲”，不利于学生道德智慧的培养。正如田慧生教授一直的质疑：我们是否把孩子越教越聪明了？

案例：

某校在全市德育工作评比中，因成绩突出受到市委文明办和市教工委的表扬，成为全市学习的典型。据了解，该次评比一个重要的环节就是，评比组在全校学生中，随机抽取30名学生默写《小学生道德行为规范20条》。在检查过程中，该小学抽取的30名学生不负众望，在《小学生道德行为规范20条》的默写考试中，全部获得满分，因此该校一举夺得此次德育工作评比的第一名。在之后的表彰新闻中，这样描述该校：该小学本着以人为本、和谐发展的办学方向，牢固树立“育人为本，德育为先，注重实效”的理念，以深化素质教育为重点，取得了喜人的效果……

然而不久之后，又有一则消息传出。该校5名学生殴打本校同学，致其重伤。这则消息被广泛传播，引起了公众热议。经调查，该则消息属实。更令人惊奇的是，这5名参与打人的学生中，有2人曾经是之前被抽到的默写《小学生道德行为规范20条》的那30名学生中的成员。

有关人员曾就此事进行专门研究，他们问这几名学生：“你们为什么要伤害自己的同学?”

那几名学生低头不语。

研究人员继续问道：“你们背诵的《小学生道德行为规范20条》中，有一条就是不打骂同学，你们不是都能倒背如流吗？为什么不去遵守?”

片刻沉寂后，终于一名学生小声说：“因为小B（被打学生）曾经骂过小A（五个打人学生之一），所以我们就想帮小A报仇。”

研究人员说：“就因为这，你们就要一起殴打小B？难道不知道打人是不道德的吗?”

另一名学生说：“《小学生道德行为规范20条》中有一条说要团结帮助同学，所以我们才帮助小A对付小B……”

研究人员吃了一惊……

《小学生道德行为规范20条》，是该市为促进学校德育工作发展而提出的，各地各学校也都有自己设定的道德规范内容，但总体大同小异。毫无疑问，这对学生的道德教育确实有着积极的意义。也正因为此，很多地方，很多学校都让学生背诵当地或者本校的道德行为规范。

然而，培育学生的道德品质，扎实有效开展德育，并不意味着必须人人将所谓的道德行为规范倒背如流甚至默写。背诵道德行为规范有一定积极作用，但如果只是简单地背诵，甚至要求只字不差，并没有太大的实际意义。上述学生的回答表明：他们不能灵活地运用道德规范，对道德规范没有本质上的认识，缺少道德智慧。

该则消息中的学校德育是典型的知性德育做法。学生尤其是低年级的小学生，文化知识还很贫乏，对历史、社会也都没什么了解，对很多外在的道德规范知识没有深刻的理解。上述学校的做法只能导致“小和尚念经，有口无心”。教育者一味地让学生背诵道德规范，而不是结合生活和学习实际，给他们深入浅出地讲解，让他们逐步了解和体会，这种做法并不能提高学生的道德判断和道德选择等能力，不能解决学生实际生活中的道德困惑，更谈不上培养学生的道德智慧。同时，该市评定组仅仅因为抽取该校学生默写《小学生道德行为规范 20 条》获得满分，就认定该校德育工作突出的做法显然也有失偏颇，这是知性德育思想在作怪。

（三）克服知性德育的缺陷需要实施智慧德育

智慧德育是通过道德知识的传授来促进学生道德智慧的发展，培育学生智慧品格，提升学生道德智慧水平。智慧德育在吸收知性德育优点的基础上，又能克服知性德育的缺陷。在学校德育中，道德知识与道德智慧如同“形”与“神”的关系。“形”就是德育在一定条件下所呈现的形态和表现形式，“神”就是德育的灵魂、精神和价值。道德知识就是德育之“形”，道德智慧则是德育之“神”。知性德育重视对学生道德知识的传授，它体现的只是德育之“形”，而没有把德育之“神”表现出来。智慧德育正是认识到了知性德育的这个缺陷，它要求教育者要尽心选择最有力、最有价值的道德知识，内化为学生的生命，生成学生的道德智慧。智慧德育使德育之“神”得到释放，从而实现了“形神兼备”，恢复学校德育独有的性格特征及魅力。学校德育本身就是一项智慧的事业，它的使命就是促进学生的道德智慧成长，让学生拥有幸福快乐的人生。智慧德育就是要让每一个学生热爱智慧、追求智慧，拥有道德智慧。

德育作为一门特殊的实践活动，面对的是活生生的人，而人无时无刻不在发生着各种意想不到的变化。德育不仅具有科学性，而且还具有灵活性。然而知性德育片面强调道德教育的科学化，“道德教育的科学化主要是指，人们在对待道德教育时，不仅没有把它和一般的知识性的教学活动和对待物的生产加工活动区分开来，而且还有意为之，认为道德教育也应该自觉地以在自然科学和工程领域无往不胜的科学世界观和科技理性为指导，努力发掘道德教育中的‘客观规律’，然后通过理性的计算予以控制，最终达到使学生按道德律行动的目的”①。知性德育重视德育的科学化，强调德育的规律性，注重德育过程的预设性和程序性，以固定的模式来开展德育，这样可以使德育进入预设的框架内，一定程度上能够提高德育的效率。然而知性德育在坚持科学性的同时，却陷入了僵化、封闭、保守的泥潭之中，造成学校德育效果不佳。智慧德育以此为戒，强调学校德育是科学性和灵活性的有机结合。在德育过程中，一方面要遵循德育规律，但另一方面，教育者要在遵循德育规律的基础上，依据不同的德育内容、德育对象、德育情境等实际情况，随机应变，机智灵活地选择适当的方式、方法，并创新德育方式、方法，克服知性德育僵化、机械、单一的缺陷，使德育的灵活性得到发挥，释放德育的智慧魅力。

二　对注入式德育的纠偏

注入式德育虽然受到了人们的批判，然而，它并未在德育中销声匿迹。注入式德育具有单向性、强制性、封闭性等特征，不仅不利于学生对德育内容的理解和掌握，更不利于学生道德品质的形成和道德智慧的发展。智慧德育的一个重要任务就是要纠正注入式德育的偏差。

（一）注入式德育的弊端

所谓注入式德育是不顾学生品德形成的规律和学生的道德需要及能力，把现成的知识强行灌注给学生，让学生死记硬背的德育方法。注入式德育以使学生掌握道德知识为目标，虽能使学生掌握道德知识，但不利于学生道德信仰的形成，不利于学生道德智慧的发展，随着时代的演进，其弊端却越来越明显。

首先，注入式德育的理论基础是错误的。注入式德育的理论基础是“道德可教论”和权威主义。“道德可教论”将道德仅仅理解为知识，认

① 唐汉卫：《生活道德教育论》，教育科学出版社2005年版，第9—10页。

为这些道德知识如同其他知识一样，只能采用口头传授的方式直接教给学生。权威主义认为，道德发展的本质就是让学生学会服从外在的权威，教育者是社会价值的代表，伦理的化身，学生必须接受具有绝对权威的教育者传授的道德规范。“道德可教论”是存在严重缺陷的，它将包含认知、情感、行为等要素的道德仅仅理解为知识，把道德知识等同于其他知识，且将“教”仅仅理解为“口授式教”，而忽视甚至否认了其他形式的“教”，犯了以偏概全的错误。权威主义则将教师权威推向极端，认为德育中教师拥有至高无上的绝对权威，可以不考虑学生的情况，强制向学生灌输道德知识。它以教师为中心，把学生视为被动的，需要塑造的客体，忽视甚至否认了学生的主体性，结果是学生只能被动地死记硬背教师传授的知识，而这些靠死记硬背得来的知识不可能转化成学生的道德智慧。其次，注入式德育只注重运用外部力量来影响学生的思想品德，阻止了学生的独立思考和自由选择等能力的运用和发挥，从而阻碍了学生道德智慧的生成与发展。

（二）克服注入式德育的弊端需要实施智慧德育

智慧德育是在克服注入式德育弊端的基础上形成的一种德育理念。

首先，智慧德育倡导开放性德育。智慧德育主张德育内容的开放性，主张在坚持社会主义核心价值体系和核心价值观的基础上，德育内容要多样化，这样才有利于学生吸收有益的、多样化的知识，从而促进学生道德智慧的发展。智慧德育主张教育者不要用固定的知识、视野封闭学生的头脑，允许学生提出自己的不同于教育者的观点和看法，允许学生在教育者的引导下自主选择，这样才能使学生的道德智慧得到发展。智慧德育主张学生在教育者的引导下，自主探究、体验、实践，自主建构知识，形成自己的观点和见解，在自主活动中，道德智慧得到锻炼和发展。

其次，智慧德育倡导主体性德育。这里的主体性指的是学生的主体性。智慧德育强调教与学的双向互动，强调在师生平等交往和信息反馈中实现教学相长。事实上，教育者在德育过程中的引导作用，只有在学生主动学习的过程中才能得到体现和落实。学生学习水平的高低取决于学生能动性的发挥。在注入式德育中，教育者把学生当成德育活动的客体，当成道德知识的容器，不顾学生的感受而把知识一味地灌输给学生，强迫其死记硬背。而在智慧德育中，教育者把学生当作德育活动的主体，发挥其自主性、能动性和创造性，适时启发、点拨和诱导，让学生在自主建构中，成为德育活动的主体，从而使其道德判断、选择和实践等能力都得到提升。

最后，智慧德育倡导灵活性德育。智慧德育反对德育方法的单一化，倡导德育方式与方法的灵活化、多样化。只有灵活化、多样化、弹性化的德育方式与方法，才能适应和满足不同特点的学生，才能激发学生的学习情趣，释放德育活动的魅力与活力。在智慧德育中，教育者可以根据需要灵活地设置德育情境、运用德育方式与方法。德育方式可以是一次随意地聊天，也可以是偶然地巧遇，还可以是一次意外的德育事件。智慧德育不只是在课堂上的讲授，更多的是在课堂之外，寓德育于学生各种喜闻乐见的活动之中。另外，教育者还要善于根据不同的时间、不同的地点、不同的学生选择不同的德育方式，只有这样才能凸显德育的智慧品性，才能收到事半功倍的效果。

三　对形式主义德育的扬弃

形式主义德育理论与实践于20世纪五六十年代在西方兴起，虽然已处于由盛转衰的趋势中，但目前在德育领域仍有一定的影响。形式主义德育理论与实践有其可取之处，但其不足之处也是比较明显的。智慧德育意在吸收形式主义德育的合理之处，克服其不足之处，以实现对其的扬弃与超越。

（一）形式主义德育及其积极意义

形式主义德育是以对现行德育中过分重视“内容”或“知识”灌输的反叛为起点的。与知性德育理论不同，形式主义德育理论主要以道德判断的逻辑形式或语言形式为研究对象，注重对德育范畴、结构和功能的分析，反对具体道德规则的教授，关心德育的过程，轻视德育的具体内容。它主张从形式而非内容特征界定道德和道德判断，重视学生对德育基本概念的分析，重视学生对道德推理过程的理解，强调道德推理的技能、技巧等形式特质的培养。形式主义德育认为，德育应该是中立的，其内容不应该是特定社会和集团的特殊规则和规范，而应是人类普遍的价值和道德原则。

形式主义德育的积极意义是明显的，它“强调合理道德判断的形式化条件，巧妙地避免了灌输问题”①。形式主义德育对于澄清德育理论上

① Israela Ettenberg Aron：“Moral Education：The Formalist Tradition and the Deweyan Alternative”，Brenda Munsey，（ed.）Moral Development，Moral Education and Kohlberg 1980，404.

的一些模糊概念和克服德育实践中的一些机械做法有重要价值，其分析和论证的一些基本范畴，如推理、判断、行为等，对学校德育产生了重要影响。特别是形式主义德育反对道德灌输，注重对学生道德能力的培养，这些都是其积极意义。

（二）形式主义德育的不足

形式主义德育将道德看成是一个解决问题的过程而不是某种固定的观念和习惯，否定道德内容的传授，过分追求道德的形式特征，过分崇尚对学生道德判断、道德推理、道德选择等道德能力的培养，把德育过程看作是离开特定道德内容的传授，单纯培养学生的某种道德能力与技能的过程。事实上，没有一定的道德知识作为德育内容，学生道德能力的发展就如同空中楼阁，更不会形成学生的道德智慧。脱离内容谈形式必然是不明智的。

（三）智慧德育是对形式主义德育的扬弃

形式主义德育既有可取之处，也存在明显不足。在对形式主义德育分析批判的基础上，我们提出了智慧德育。智慧德育不是对形式主义德育的简单否定，而是吸收了形式主义德育中的合理成分，克服了其不足，是对形式主义德育的扬弃。智慧德育认为，在德育中，培养学生道德判断、推理、选择的能力、技巧等形式化特质是必要的，但具体道德知识的传授必不可少。没有德育形式的德育内容显然是僵死无趣的，而没有德育内容的德育形式是玄虚缥缈的。智慧德育强调培养学生的道德智慧，而道德智慧直接体现为道德能力，因此智慧德育必然注重对学生道德能力的培养。从这个角度讲，智慧德育是对形式主义德育的继承。但是，形式主义德育主张培养的能力主要是道德认知能力，其他道德能力是被忽视的，智慧德育则主张培养学生的道德智慧，除了道德认知能力外，更要重视其他道德能力，如道德移情能力、道德实践能力、道德创新能力等的培养。因此，智慧德育培养学生的道德能力不仅包括理性的道德能力，还包括感性道德能力和实践性道德能力。另外，智慧德育主张培养学生的道德智慧要以德育内容为基础，让学生通过自主建构，即通过分析、比较、判断、探究、体验、实践等活动理解德育内容，并在这一过程中形成和发展道德智慧。

第四节 社会发展呼唤智慧德育

改革开放以来，社会各方面都发生了巨大而深刻的变化，给德育提出了新的要求，为了满足社会发展的要求，我们必须实施智慧德育。

一　现代性的冲击需要实施智慧德育

现代性给人们带来文明生活的同时，其固有的一些弊端，如唯科学主义、唯经济主义等也在时刻冲击着我们的生活，对学校德育产生了严重的负面影响，客观上催生了智慧德育的出现。

（一）唯科学主义对学校德育的负面影响

唯科学主义是现代性的弊端之一。在唯科学主义的操控下，人们按照严格的程序改造着自然和社会而忽略了人的自由意志，丰满的人性被抽空和压扁。“在生产系统中，人被还原为像标准部件一样可以被随意置换的操作工；在官僚系统中，人被还原为无价值偏好的智能角色；在大众文化中，甚至艺术创作也服从于机械复制程序，成了标准化生产的文化工业。”① 在唯科学主义的影响下，学校德育理论也有着一个共同的指向——化繁求简，即试图抓住德育简单而固定的本质和规律从而指导德育实践。人们过度执着于通过严密的思维对德育现象进行理性探索，力图使德育程序化、规范化、精确化、标准化、统一化，从而找出一条“一劳永逸”的科学之路，形成“以不变应万变”的工作模式。科学理性德育思想主张德育是一个科学的加工过程，这个科学的加工过程必须遵循一定的“秩序”“规范”和“模式”。在唯科学主义的影响下，德育重视技术性，把师生之间的关系当作“我—它”的主客体关系。教师是塑造者，教师是知者，作为德育对象的学生在现行德育中被贬低为客体，是一个像物一样被改造的客体。唯科学主义德育思想认为仅仅通过知识的注入和考试、奖惩就可以完成道德培养的任务，从而陷入知性德育的泥潭。

在唯科学主义的影响下，一些教育者对待德育自觉或不自觉地持一种机械有序的观点，认为其就如同精密仪器，会按部就班地按照固有的逻辑程序运行。然而，这种标准化、程序化的德育操作无法应对复杂、多样、多变的德育实际情况，无法应对个性化的学生的需求，会使德育陷入困境。德育本身是一个复杂的系统，影响德育的因素也具有多样性，因此德育并不是完全可预测的，用简单化的思维模式来应对复杂的德育现象，显然是不明智和缺乏智慧的，更严重的问题是，它压抑了教育者在德育中的

① 张凤阳：《现代性的谱系》，南京大学出版社 2004 年版，第 303 页。

创造性，不利于教师德育智慧的生成和学生道德智慧的培养。

（二）唯经济主义导致德育忽视学生道德智慧的培养

唯经济主义思想侵蚀着人们的生活，一些人将经济发展当作决定个人和社会发展的唯一因素，片面追求经济利益，将道德等精神因素排除在外。追逐世俗的荣耀、即时的欢愉，逐渐成为一些人唯一的目标。灵与肉的关系在唯经济主义中完全颠覆，无止境的物质追求，泛滥的情欲、无拘束的言行，都成为一些人彰显所谓本性的追求。甚至一些人对金钱和财富的渴望可以使其藐视一些道德和法律，许多经济活动已经冲破了道德和伦理的底线。唯经济主义造成了人们价值的断裂。一些人在物质欲望获得了暂时的满足之后，并没有感到任何幸福，而是陷入了深深的迷茫和焦虑的痛苦之中，他们不知道自己到底在追求什么，不再确定什么是善恶美丑，是非对错。异化的“经济人”，已经迷失了自我，放逐了灵魂，失去了精神家园。现代人沾沾自喜的狂妄，事实上来自那极度绝望的自卑，他们围绕着理性与激情苦苦地挣扎。他们标榜理性，但贩卖的却是激情；他们炫耀激情，但对激情的限度却一无所知。他们匍匐在神像的脚下祈祷，却不知仍在无可救药地堕落下去。物质生产的发展使一些人对金钱和财富的渴求得到满足，但是以此作为人生的唯一价值追求，必然导致道德的沦丧和精神的迷惘。“人如果不能把握好自身，人如无自律，无反思，没有对世界、对人生的深远智慧（不等同于知识）和德性，那么人可能面临的则是一场整个人类的灭顶大灾。”① 在这样的社会大环境中，学校也不能幸免。唯经济主义片面注重外在的物质利益、片面强调功利性，对学校德育形成了负面影响，学校德育未能很好地发挥其应有的价值，一些学校、一些教育者只注重德育的外在功利性价值——为社会的经济、政治服务，忽视其内在价值——学生道德智慧的发展；只注重立竿见影的效果——学生考试分数和升学率的提升，而忘记了不能立刻见到成效的学生道德智慧培养，致使学生道德智慧发展受到不利影响。正如鲁洁教授所指出的那样，在唯经济主义浪潮的冲击下，“学校教育从整体上走错了方向，迷失了它的终极目标。用德国哲学家雅斯贝尔斯的话来说，这就是一种‘失真’的教育，也就是失去其本真意义的教育。不论人们如何定义教育，教育都有其不言自明的意义，那就是要使人成为人，教育要促进人的发展。教育

① 鲁洁：《道德教育的当代论域》，人民出版社2005年版，第151页。

所指向的也是马克思所昭明的人类的终极目的：‘人类全部力量的全面发展成为目的本身。’当今教育却从根本上偏离了它本真的意义，成为一种在工具理性操作下的功利主义教育”①。

我们看到现代性所带来的弊端已经开始引起理论界的重视，哲学、社会学以及教育学等各领域已开始对此进行剖析和反思，更多有识之士开始呼唤由“失真”德育向“本真”德育的回归。在这样的背景下，人们开始以全新的眼光来审视德育，呼唤德育智慧品性的回归。智慧德育在于采用恰当的方式方法，培养和发展学生的道德智慧，使学生过有意义的、充满道德智慧的生活。它引导人们开始从只重视物质的、经济的发展，转向重视对精神、文化、道德等追求；发展重点从重视物的因素开始转向把人作为社会发展的目的。也就是说，智慧德育的指向是人的本身，它旨在引导人们求善、向善，使人们在追寻道德智慧的过程中，找到人生的价值和意义，进而使个人由执着于外部开始转向关注自身，使人们的精神生活变得充盈、幸福，建构起充实完美的意义世界。

智慧德育注重培养学生的完满人格，强调要将德育的重点放在引导学生进行意义和价值的追寻，引导学生正确认识和处理个人与自然、社会、他人的关系。在德育过程中，教育者不仅要传授学生道德知识，更要培养学生的道德智慧。德育本身具有超越性，因此它应以超越现代性带来的唯科学主义、唯经济主义的顽疾为己任。德育具有相对独立性，它独立的价值就在于其是驾驭物质、驾驭科技与经济发展的精神力量，而这种力量需要人们的智慧来掌控。德育目的就是增进学生的道德福祉，培育学生的道德智慧。德育的意义就是“要教育、培养、塑造人的道德的、善的思想品质，它给人以生活的意义和终极的目标，使人们在一切生产、生活的活动中有可能按照道德的人和人性的要求进行价值定向，使人们不仅按照物的尺度去认识世界，而且能按照人自身的尺度和美的尺度去改善世界，使人在懂得世界是怎样的同时，理解世界应该是怎样的，使得道德的价值合理性成为工具合理性的批判力量。这就是时代所赋予道德教育的第一重意义”②。总之，应对现代性对德育的冲击，必然要实施智慧德育。

① 鲁洁：《道德教育的当代论域》，人民出版社 2005 年版，第 155 页。

② 鲁洁：《道德教育的当代论域》，人民出版社 2005 年版，第 47—48 页。

二　社会多元化需要实施智慧德育

改革开放以来，人们的思想观念和价值取向发生了巨大的变化，出现了多元化的趋向。由此，多元化成为一个常见的概念。多元、多变、多样成为这个时代的特征。社会多元化对学校德育产生了前所未有的影响：一些学生面对多元化的新思想、新思潮没有足够的辨别能力来分辨是非，对于新出现的道德问题、道德情境无法作出正确的价值判断和行为选择。例如，效率与公平的问题，经济发展与生态保护的问题，安乐死的问题，善意施救与自我保护的问题等。当学生面临这些问题或者思考这些问题时，他们常常会陷入道德两难，无所适从的境地。总的来说，社会多元化使得学生面临的情境越来越复杂，仅仅依靠自身掌握的道德知识是难以做出正确判断和选择的。另外，教育者传授给学生的道德知识已经明显跟不上社会发展的步伐，不能满足学生道德生活的需要。因此，学校德育要改变传统的德育方式，加强对学生道德智慧的培育，使学生有能力应对日趋复杂的社会道德现象。拥有道德智慧的学生，能对复杂多变的道德情境作出敏锐的判断，作出恰当的价值选择，确定正确的行为方向。"如此看来，道德智慧就成了一个人在道德多元化社会中必需的最基本素质，是个人道德素质的集中体现。"①

另外，伴随着多元化的发展，相对主义也成了一个不可回避的问题。道德相对主义的流行和被一些人所接受，必然会对学校德育产生重要的影响。道德相对主义强调道德的多元和差异，坚持不同的文化体系应该有不同的道德价值标准，允许人们对同一道德现象和行为做出不同的解释。这样一来，衡量道德的标准就失去了统一性和客观性，各行其道，自以为是。在这种情况下，很多学生对道德现象的认识产生了困惑和迷茫，道德判断失去了标准，对是与非、善与恶的界限越来越模糊。要使学生对各种道德价值进行准确判断，作出自己的正确选择，就必须实施智慧德育，培养学生的道德智慧。只有如此，才能够使学生明确道德标准，作出科学的道德判断和道德选择，实施合理的道德行为，最终形成社会所期望的道德品质。

---

① 唐汉卫、戚万学：《现代学校道德教育的问题与思索》，山东教育出版社 2008 年版，第 183 页。

总之，社会发展带来的新问题、新现象，现行德育并不能有效地进行应对。学生面对复杂、多变的社会生活，开始变得迷茫、困惑，不知所措。学校德育必须改变过去仅仅重视道德知识传授的方式，加强对学生道德判断和道德选择等能力的锻炼，培育学生的道德智慧。

三 道德转型需要实施智慧德育

社会转型是改革开放以来一系列创造性变革的总称，是指传统社会向现代社会的转变。社会转型，从经济领域来讲，开始由计划经济向市场经济转型；从政治领域来讲，开始由集权政治向民主政治转型；从文化领域来讲，开始由僵化封闭的传统文化向多元、开放的现代文化转型。政治、经济和文化领域的转型，必然会引起人们道德生活的变化，出现了道德发展的现代化转型。“当今中国仍在继续发生的‘从传统道德到现代道德’的历史演变，从类型论的角度看，也就是道德转型。”①

道德转型导致道德价值和道德规范的“真空”，社会道德总体处于“青黄不接”的状态，人们在现实的道德生活中，对原有的道德规范和道德价值产生怀疑、动摇和否定，而符合社会发展的新的道德体系尚未完全建立或者被人们所认可。在道德转型期，道德标准变得模糊，人们对是非善恶的标准变得含混不清，似乎每一种道德标准都有一定的“合法性”，然而在其背后又能找到其反向标准的合理性。在这种情况下，模棱两可的道德评价使人们常常陷入自相矛盾的尴尬境地。道德评价的失范必然导致人们道德价值取向的紊乱和道德选择的迷惘。人们觉得，任何一种道德选择，似乎都合情合理，可以得到社会价值文化的支持，但在同时，又会受到另一种道德标准的批判。这种道德选择的矛盾冲突已经深入社会生活的方方面面，在现实生活中表现出来。例如，职业选择，个人利益与集体利益的处理，行为方式的选择等。另外，在旧道德向新道德的转变过程中，还存在着新旧道德的交替阶段。在这个阶段，一些旧的道德失去或者部分失去其合理性，新旧道德交织在一起，失去了明确的标准，使人们陷入道德困惑。社会生活各方面的变化使人们面临更多的道德冲突，面对突如其来的道德两难选择，人们经常不知所措。

---

① 龙兴海：《从传统道德到现代道德——道德转型论》，《湖南师范大学社会科学学报》1996年第4期。

社会转型引发的新旧道德“真空”以及道德交织和更替，对尚未成年学生的冲击更为强烈。学生们容易面临更多的道德冲突，其进行道德选择的困惑更加突出。在道德转型期，由于统一的道德规范和道德标准的模糊和矛盾，仅凭传授现成的、具体的道德规范已不够用了，它需要学生运用自己的道德判断、选择等能力来解决问题，而这有赖于学生道德智慧作用的发挥。因此，学校德育要着力培育学生的道德智慧。智慧德育能够帮助学生建立起科学的价值导向，使学生在复杂的道德环境中保持睿智，能够运用自己的智慧面对各种道德现象、道德问题，创造性地运用已有的道德原则与规范，解决各种道德冲突和道德困惑。

第四章

智慧德育的价值追求

智慧德育的价值追求是指教育者根据社会的要求与人的发展要求，使德育活动在一定时期内达到的预期状态。价值追求规定了智慧德育的内容及发展方向，是智慧德育的出发点和归宿，制约着智慧德育的开展。价值追求的科学与否，直接关系智慧德育的成效。

第一节　道德智慧的生成

长期以来，学校德育将道德知识的传授作为德育的全部，影响了学生道德智慧的生成。因此，我们要对传统德育进行反思，以智慧的眼光看待学校德育。德育的目的不能仅仅停留在使学生获得知识，而是要获得发展，其根本追求是学生道德智慧的生成。

一　道德智慧具有可教性和生成性的特性

可教性和生成性是道德智慧的内在特性。智慧德育的根本任务就是培养学生的道德智慧，使学生永远走在追求智慧的路上，不断生成新的道德智慧。

关于智慧的可教性人们的认识存在分歧。一种观点认为，智慧是不可教的。持这种观点的人认为智慧神秘莫测，复杂深奥，只可意会不可言传。在这部分人中，其中还有一些认为智慧是先天形成的，后天无能为力。另一种观点认为智慧是可教的。他们认为智慧是知识、经验基础上形成的能力体系和精神境界，是可以通过后天培养的。当然，本书支持后一种观点，即智慧是可教的。但是这里的“教”并不是传统意义上狭义的教授、传授，而是通过教育者智慧的培育、引导，通过学生各种形式的内部和外部的自主活动，使学生生成智慧。智慧纵然复杂深奥，但却不是不可言说。智慧是个体内在的知识、学识、情感、能力等因素在特定情境下向外的喷涌和投射，通常表现为个体在认识、解决各种问题时的聪慧、敏锐与机智。由此看来，智慧有先天遗传的因素，但更多的是在后天学习、实践中生成的。智慧是可教的，是后天生成的，只不过它不是像知识那样是直接被传授和掌握的。就如陶行知先生所说："知识是学来的，智慧是生成的。"①

智慧的可教性和生成性界定了道德智慧的可教性和生成性。道德智慧具有动态的可教性和生成性，它潜伏于学生个体生命之中，需要教育者在具体的德育活动中进行启发和点拨，同时它又依附于学生个体的自主活动，在学生的道德实践中不断形成、发展。学生道德知识的增长，道德实践经验的丰富，道德情感的升华，自觉的自我反思等，都伴随着学生道德智慧量的积累和质的突破。在教育者的引导和安排下，学生的道德理念和道德实践不断地冲撞，促使道德智慧动态地生成和发展。在德育实践中，教育者指导学生对道德事件一次次恰到好处地处理，对道德两难问题一次次科学正确地选择，对道德情境一次次灵活机智地应对，都会使学生的道德智慧在潜移默化中形成和发展，实现对自我的超越。总之，学生的道德智慧是在自身的成长发展中，经过个人道德知识与经验的积累与重组，通过个体体验、感悟、思考和实践等环节而逐渐形成的。而在这个过程中，教师的德育智慧渗透到学生道德智慧生成的整个过程，对学生道德智慧的生成和发展起到了不可或缺的作用。

二　道德智慧对学生道德生活具有引领作用

"智者，德之帅也。"② 学生个体的道德成长，必须在道德智慧的引领下才能实现。在现实的道德生活中，善与恶的区分看似明确，实则并没有绝对清晰的区分。再加上学生尚处年幼，是非分辨能力相对较弱，因此对于同一种道德现象或者同一道德事件，不同学生的认识和理解是不同的。比如对于人的自私这一现象来说，有的学生认为这是人的本质属性，因此是可以理解的，也是应当得到支持的。有的学生则认为，自私是人性恶的

① 《陶行知文集》（修订本），江苏教育出版社 1997 年版，第 271 页。

② 《人物志》。

表现，利他才是人德性之美。也有的学生认为，极端的利己和毫不利己、专门利人都是不可取的，正确的做法是做到利他与利己的统一。可见，一个看似简单的利己与利人的讨论，却有如此复杂多样的观点。另外，即便学生能够对善恶作出正确的判断，但有时有的学生还是会去行恶。比如那些在考试中作弊的学生，难道他们不知道这是不道德的吗？可是即便知道，他们还是会这样去做，这就是典型的知行不一，是缺乏道德智慧的表现。

道德本身具有概括性、模糊性和情境性等特征，这就决定了学生不能只是简单地按照道德规范的要求来行事，因为道德规范只是规定了一般情况下人们应该如何去做。而事实上，现实生活是复杂多样、丰富多彩、千变万化的。面对不同的情境，仅仅掌握了道德知识，而缺乏道德智慧的学生往往不知道该何去何从。“任何一种道德原则与规范，任何一种信念与道德理论都无法教给人们在具体场景下的具体道德行为选择方案。”① 例如，“诚实守信”是一项基本的道德要求，但是否在任何情况下都要诚实守信，是学生们需要进行思考的。学生个体的道德成长常常处于这种道德选择的冲突与矛盾之中，在这个过程中，必须要有道德智慧对其进行引领。

学生的思想观念尚未完全形成的特性，决定了其道德生活更需要道德智慧的引领。道德智慧就如同黑夜中的北极星，光彩夺目，为学生指引着方向，促使他们勇敢前行。拥有道德智慧的学生，就拥有一种乐观豁达的性格，使他过一种有意义的道德生活，并从中感受到幸福与快乐。拥有道德智慧的学生，会以一种雍容和宽容的态度拥抱生活，以一种亲近友善的态度对待他人。拥有道德智慧的学生，能够以一种博大的胸怀处世，做到不迷茫、不焦躁、不悲观、不狭隘，效法天地之道，自强不息，厚德载物。

三　道德智慧可以促进学生德性和谐发展

学生德性和谐发展体现了社会生活中的人伦精神，反映了人与社会、与他人，人与自然，人与自我的和谐、共生等思想。道德智慧对于促进学生德性的和谐发展具有重要意义，其教人求真向善的目标，对于解决当下学生遇到的矛盾与困惑具有重要的价值。

---

① 高兆明：《伦理学理论与方法》，人民出版社 2005 年版，第 440 页。

首先，促进学生与社会、与他人和谐相处。学生正确地处理个人与社会、与他人的关系是其道德智慧在日常生活中的集中表现。在当今复杂、多变的社会中，学生所面临的各种矛盾和冲突也越来越突出。道德智慧能够使学生科学地掌握和灵活地运用基本的道德准则，处理好自我与社会、与他人的关系。具有道德智慧的学生，在处理人际关系时，懂得礼貌待人，知道助人为乐，并秉承诚实、豁达、礼让等优良品德，这些品德本身就是学生道德智慧的体现。另外，在处理人与社会的关系中，道德智慧可以引导学生坚持爱国主义、集体主义的原则，热爱人民，见义勇为，见义智为，遵纪守法，自觉维护公共秩序和社会稳定。在遇到道德冲突和矛盾时，道德智慧可以引导学生根据具体的道德情境和问题，灵活地运用各种道德原则和规范，并采取适当的方式化解冲突和矛盾，使问题得到妥善解决，最终实现个人与社会、与他人的和谐相处。

其次，促进学生与自然和谐相处。古希腊的赫拉克利特指出："智慧就在于说出真理，并且按照自然行事，听自然的话。"① 中国古代强调的天人合一的思想，已经表现出人们最早的道德智慧萌芽。自从人类诞生的那一刻，人与自然的关系就一直存在着，并随着社会的发展而不断地发生着变化。人类本身是自然的一部分，人类的生存与发展都依赖于自然。同时，人类本身又反作用于自然，对自然产生巨大的影响，这种影响又分为积极影响和消极影响两个方面。面对现代发展带来的生态环境的恶化，道德智慧能够使学生正确地认识自身与自然关系的本质，谨慎地利用、改造、保护自然。道德智慧能够使学生合理地处理自身与自然的关系，与自然和谐相处，树立可持续发展的意识，实现人生价值与自然之理的融通。道德智慧有助于使学生树立保护自然、重建人类精神家园的远大理想和博大情怀，从而使其人格更加完满。

最后，促进学生与自我关系的和谐相处。如前所述，智慧本身具有"向内看"的要求，因此道德智慧必然也体现在人的对内关系，即人与自我的关系之中。智慧德育要求学生必须用智慧的眼光去认识自我，悦纳自我，改变自我，超越自我。第一，正确认识自我。具备道德智慧的学生能够意识到自身是一个道德存在，并能理解生命本身所具备的德性，从而将

---

① 北京大学哲学系外国哲学史教研室：《西方哲学原著选读》，商务印书馆 2005 年版，第 25 页。

自己的有限性投入对无限的意义追求中，过上有价值的生活。第二，积极悦纳自我。具备道德智慧的学生能够运用自己的道德智慧，以一种温暖、关爱、亲切的态度对待自己，善待自己，自信、自尊、自爱，能够做到扬长避短，保持内心和谐。第三，努力改善自我。努力改善自我是人们自我实现的一种方式，它能够使自己始终保持一种不断发展的道德状态，实现道德自我的和谐发展。第四，不断超越自我。道德是指向未来的，道德自我的发展本身就是一种自我超越。具备道德智慧的学生，不会满足于现状，而是去努力实现由自我的道德实然状态向道德应然状态的转变，不断超越自我。

四 道德智慧可以帮助学生安身立命

道德智慧能够使学生对精神价值进行守护，对生活意义进行追寻，从而使学生在多样化的现代社会中能够安身立命。“老天给了每个人一条命，一颗心，把命照看好，把心安顿好，人生即是圆满。”[①] 这就是说，人的安身立命不仅仅是指单纯的物质生活，更有对精神世界的追求。精神价值是物质财富无法比拟的。对于个体而言，生活意义既不是某种先验的规定，也不是某种抽象的原则，而是生活自身对人的价值。生活没有了价值，人生也就没有了意义。道德智慧就是要帮助学生找到各自的生活意义，使他们的精神世界饱满充实，获得幸福。人们需要属于自己的生活哲学，或者是某种价值体系，抑或是信仰，这就像人们对阳光和爱情一样的渴望。但是生命的意义不是通过简单的知识传授和说教而获得的，它只能在教师的引导下，学生通过对人类历史和文化精神的体悟，通过自我内心的反思和叩问而逐渐生成，这个过程事实上就是道德智慧生成的过程。在现代社会中，一些学生逐渐失去对高尚精神文化的敬仰，精神世界出现了危机。道德智慧有助于学生化解这一危机，并真正地关注个体生活意义的形成，从而使他们的人生得到圆满。

道德智慧有利于提高个人的精神价值，引领人们到达一个更高的道德精神境界。一方面，道德智慧可以提高学生道德行为的自觉性。另一方面，道德智慧能够引导学生在德性的框架内来理解人类道德生活的本质。通过培养学生的道德智慧可以发展与完善他们的道德品质，满足他们的精

① 周国平：《人生哲思录》，上海辞书出版社 2011 年版，第 69 页。

神需要。同时，道德的发展与完善是内在于人性深处的精神需要，而培养道德智慧就是满足这种需要的主要途径。人区别于动物之一就是人具有精神追求，追求真、善、美，渴望人格的提升与完善。道德智慧作为一种崇高的精神境界的追求可以使学生的生命价值得到升华。在道德智慧的指引下，学生个体自我修养可以发展成为超越物质需要的，更为强烈、执着的精神追求。心理学家马斯洛指出人们在满足中“有时会更加迷狂、心驰神往，体验到更加高级的‘幸福’”①。这里的幸福，就是学生通过道德智慧而达到真、善、美、正义、优秀、合秩序等状态时的快乐和美好的体验。

道德智慧能够帮助学生形成良好的品格，能够使学生慎独，使学生自觉地做到自重、自省、自立、自勉。换句话说，具有道德智慧的学生能够尊重自己的人格，注意自己的言行，珍惜自己的名节，在乎自己的形象，在待人处世中，能够讲原则，有分寸，不媚俗，不轻浮，能够保持自觉、自醒。道德智慧还可以帮助学生扫除自己思想上和精神上沾染的尘埃，在拜金主义、享乐主义、个人主义以及各种不良诱惑前，保持一尘不染，一身正气，以优秀的品质，高尚的行动，良好的形象，取信他人，服务社会。

学校德育的目的就是育人，培养学生完整的道德智慧，让学生们过上幸福的道德生活。培养学生的道德智慧是为每一位学生的终生幸福奠基。学校德育要坚持“以人文本”，为学生智慧和道德的同步发展创造最佳的环境与条件。道德智慧代表了一种价值目标，对道德智慧的追求就是对更高的人生价值的追求。道德智慧鼓舞、引导、关照学生的价值选择，使学生心目中树立起最值得追求和向往的、最完善的人格典范，从人生远景上回答了学生做一个什么样的人的问题。道德智慧集中体现了特定的文化精神、道德原则和行为规范，是人生应达的境界。通过道德智慧的作用，学生对自身思想发展中的一些消极方面加以修正，使学生超越自我中心的狭隘意识，关注于价值和意义。另外，道德智慧体现为学生对真、善、美孜孜不倦地追求。真，就是科学地认识客观世界和认识自我，获得真理。善，就是表现出良好的道德行为。美，就是追求美好人生。对真、善、美的追求，启迪、激励、感召和引领着学生的发展，促使学生生成德性，走

① ［美］马斯洛：《自我实现的人》，许金声等译，生活·读书·新知三联书店 1987 年版，第 162 页。

向智慧人生。

总之，道德智慧对于学生德性的发展具有重要的意义，培育学生的道德智慧是智慧德育的宗旨和目标。

第二节　转识成智

智慧德育是通过道德知识促进学生道德智慧的生成，引导学生对道德知识进行分析、消化、吸收，最终将道德知识转化为道德智慧，使道德文化积淀成道德人格的过程。

一　知识与智慧的辩证关系

分析“转识成智”，我们首先要了解知识和智慧的关系。对智慧的探索离不开对知识的认识，这二者就如同孪生兄弟，相伴相生，相互影响。

对于知识与智慧的理解，是哲学领域的重要问题。亚里士多德讲到，“智慧是关于某种原理和原因的知识”。① 在他看来，智慧涉及共相、触及原因，它企图揭示万事万物普遍的本源和本质。这样看来，智慧就等同于共相和本质，那么智慧也就是真理。而真理又是什么呢？简而言之，真理是对客观事物的正确认知。在这里我们所指的真理是狭义的，等同于最真实、最可靠的，关于原理或原因的知识。“永恒事物的原理常为最真实原理（它们不仅是有时真实），它们无所依赖于别的事物以成其实是。”② 在古希腊，哲学曾经被标志为“关于一切知识的知识”，哲学本身又是最高的智慧，由此可见知识包括智慧的品质，知识与智慧具有一致性。虽然亚里士多德对真理与本体做了区分，但是古希腊哲学仍然处在未分化阶段，具有的只是朴素的智慧性格。到了中世纪，神赐的智慧笼罩着人们社会生活的一切，哲学的理性开始依附于宗教，知识与智慧依然保持着统一，共同服务于神学。到了近代，知识与智慧的关系开始分离，成为相互冲突的两个领域。文艺复兴以来，人与自然被重新得到认识，这一时期的知识被狭义地理解为自然科学认知。一方面，对人的重视开始使人们摆脱了神性的束缚，人的自由、价值和尊严得到重新确立。与此同时，人的理性也得

① ［古希腊］亚里士多德：《形而上学》，吴寿彭译，商务印书馆 1959 年版，第 3 页。

② ［古希腊］亚里士多德：《形而上学》，吴寿彭译，商务印书馆 1959 年版，第 33 页。

到了无限的张显，而这一时期高扬的理性已由哲学的思辨转为对自然、社会的认知探索。另一方面，由于自然界作为认识对象被得到重视，使得近代自然科学得以确立并迅速发展。自然科学的飞速发展使知识摆脱了对神学的束缚，也脱离了对古代朴素哲学的依附。自然科学的知识和方法获得了哲学的意义，上升到哲学层次来指导人们的一切。在科学理性知识的挤压下，智慧失去了其存在的空间和应有的价值。至此，知识与智慧由原本的统一开始走向分离。知识与智慧的分离逐步得到康德等思想家的认可，以此为基础西方哲学开始走上了科学主义和人文主义两条发展路径。可以说，近代以来哲学的发展在一定程度上可以理解为知识与智慧从统一走向分离的过程，知识与智慧的关系无疑成为近代哲学史上一个具有时代意义的问题。

基于上述分析，我们对知识与智慧的关系必须进行如下辩证分析：首先，知识与智慧有着密切的关系。智慧源于知识，知识是智慧的基础，二者在历史上曾是统一的和不可分割的。知识与智慧是同源的，究其本质来讲知识与智慧乃是同一过程的不同方面。知识本身是人类智慧的结晶，知识本身就蕴含着智慧的因素。同时，智慧是知识发展的高级阶段，智慧的形成必须要有一定量的知识积累。其次，知识与智慧有着明显的不同。知识只是人类的一种学问的积累，是构建意义人生的一种“材料”；智慧是人们运用知识改造世界、利用知识这一“材料”改善生活的一种能力。相比起知识的客观性、被动性的特征，智慧更体现了人的主观能动性和创造性。另外，伴随近代文明的开启，知识偏重于指向对于自然或者现实世界的认识，而智慧除了上述功能之外，更加关注于人的内心世界和精神生活。不可否认，人们对客观实然的把握离不开各种各样的知识，但是，从人的存在意义本身来讲，人必须实现对自我实然状态的超越，而到达应然状态，这也可以说是人的生命的最高目的。因此，当代人们开始高呼智慧的回归，因为智慧涉及人生价值和人生意义，它指引着人们如何活得更好，活得更加幸福。

概言之，智慧是一种能够睿智及有效地整合、选择和利用不同知识的内在能力。知识是一种客观描述，智慧则更多的是辩证思维。在社会活动中，智慧偏向预测、发现，同时对于模糊度与复杂性较高的社会现象，往往也要通过智慧来进行定义与阐释。从知识到智慧是一种层级上升关系，简单地说，智慧是对知识加工、提炼和处理的结果，智慧的隐性程度与获得难度都高于知识。另外，有知识并不等于有智慧。一个人可能有着渊博的知识，但他却不一定拥有智慧，因为他所有的只是众多知识的一个积累，而自己不思考、不探究，则不会有新的发展。知识关注的是现成的答案、现成的理论和现成经验的归纳，而智慧关注的是未知的世界，是立足现有知识基础上的拓展与创新。

二 “转识成智”的意义

“转识成智”源于佛家唯识学理论。有的学者认为佛家唯识学，执着于知识，认为知识是真实可靠的，这是个根本错误的思想，永远不能解决问题。唯识学的最终目的就是“转识成智”。唯识而不囿于识，根本原因在于唯识学不是告诉人们如何建构知识体系，而是揭示通过唯识思想的确立，引导众生解脱成佛，获得大智慧。唯识学的成佛途径就是“转识成智”：转舍世俗的心识，成就超越的智慧。

智慧德育就是引导学生“转识成智”，即在教育者的引导下，以道德知识启迪道德智慧，把道德知识转化、升华为道德智慧，最终获得道德自由。具体来讲就是使道德知识经过认知、体验、实践等环节，融会贯通，形成各种道德能力，这就是道德智慧。另外，智慧又是知识的统帅。道德智慧不但主导着道德知识的获得，而且还指导着道德知识的运用。“我有神灯，独照独知。不取亦取，虽师勿师。”① 清人袁枚将智慧比喻成神灯，以显示其引领作用。智慧德育不仅要传授学生道德知识，更要引导学生生成道德智慧。当学生善于把道德知识转化为道德智慧的时候，道德知识就可以陶铸道德智慧；而当学生把道德知识僵死化、固执化的时候，道德知识则会对道德智慧形成遮蔽。另外，道德智慧的形成不是靠单一的道德知识传递，而是靠对道德知识的灵活运用，学生在利用道德知识解决道德问题的过程中，道德智慧得到生成和提升。有智慧的人就会像水那样有灵性，随着外在条件的变化不断地调整自己，不执着，不彷徨，具有灵活性。然而知识并不必然导致智慧，知识的机械理解和运用有时恰恰是智慧的一种障碍。近代以来，尤其是英国培根提出“知识就是力量”的口号以来，人类知识呈几何倍增长。尤其是自 20 世纪 60 年代以来，社会呈现知识爆炸，信息泛滥之势。然而人的智慧并未随着知识的增长而同步提

① （清）袁枚：《续诗品三十三首·尚识》。

高，就如印度卡兰·辛格所说："知识越来越丰富，智慧却日趋枯竭。"在这个知识激增、智慧匮乏，重知识轻智慧，甚至以知识遮蔽智慧的时代，教育、引导学生把道德知识升华为道德智慧有着深远的价值。

三　智慧德育是"转识成智"的过程

现代德育中道德知识与道德智慧脱离的现实导致其对"转识成智"的要求更加迫切。学校德育的落脚点必然在于道德智慧而非道德知识，学习知识的目的在于启智，智慧德育就是"转识成智"的过程，即智慧德育的价值取向应超越神圣的知识追求，而转向智慧的自由自觉要求，从对学生进行道德知识的传授转向对学生进行道德智慧的培养。传统的注入式德育将德育的落脚点放在道德知识上，而没有定位在对道德智慧的培养上。知识只是一种符号，本身并不是智慧。德育并不是为了让学生掌握这些道德符号，而在于通过符号掌握其背后所隐藏的智慧。

道德智慧是一种生活方式，"转识成智"的目标就是让学生掌握智慧化的生活方式，促使学生在现实生活中，能够将德育过程中形成的道德能力展现出来，这种展现不是复制，而是发展、创新。哲学家怀特海在《教育的目的》一书中提到："在古代学校里，哲学家们渴望传授的是智慧。而在现代学校，我们降低了标准，教授的是学科。从神圣的智慧沦落到学校教材知识，标志着多少世纪以来教育上的一种失败。"① 因此，智慧德育必须要以"转识成智"为价值追求，只有这样，才能还原学校德育的本来面目，彰显德育的最终价值。"改变过去注重知识传授，强调对受教育者的智慧培养，是当代知识概念本身发生变化的客观反映和趋势，是教育终极目标培养出具有完整性、主体性和独立个性的人，培养出有思想、有理想、有智慧、有德性的人的要求，是学校对社会的负责，是教育对明天的承诺。"②

从一定意义上讲，德育过程就是转化和生成的过程。那么转化和生成究竟是什么呢？一句话，就是"转识成智"。具体来讲，智慧德育所追求的是将社会道德规范转化成为学生个体品德的知、情、意、行，将德育的内容转化为学生的人生智慧，化人类的文化成果为学生的文化品格，而德

① ［英］怀特海：《教育的目的》，庄莲平、王立中译，文汇出版社 2012 年版，第 41 页。

② 张一笑：《智慧教育》，山西经济出版社 2007 年版，第 34 页。

育的智慧属性和文化属性就是通过德育过程的转化来实现的。智慧德育是促进学生道德智慧发展的过程，是学生获得新的道德体验和道德领悟的过程，是学生发现问题、提出问题、分析问题和解决问题的过程，是“转识成智”的过程。

“转识成智”不仅是道德知识积累的量变过程，更是向道德智慧转化的质变过程，是以道德认知为基础的飞跃性发展。在道德知识向道德智慧的转化过程中，教师必须尊重与释放学生的创造性，培养学生成为追求知识的思想者和智者，促进其人性的彰显和人生的觉悟，使学生的人生变得清澈，沉睡的智慧得到觉醒，从而走向意义人生的追求，价值境界得到提升。

另外，在学校德育中，教育教学过程也是教育者自身转识成智的过程，也就是说教育者要将所掌握的德育知识转化成为德育智慧。德育知识与其他学科知识不同，从而决定了其运用方式也千差万别。不同的教育者作为掌握德育知识的主体，本身就存在着差异，他们对德育知识的认知存在不同，这必然影响其对德育知识的理解、选择和运用。另外，学生作为教育者利用德育知识所要作用的对象，因其成长背景、知识基础、能力、个性等的不同，会导致其在德育过程中理解、选择和认同教育者所传递的教学内容的情况有所不同。目前，德育过程是“以一对多”的典型模式。教师是“一”，学生是“多”。“多”就意味着多样性、变化性和复杂性，这就要求作为教育者的“一”，不能一成不变，墨守成规，要具有教学的机智，将自己掌握的德育知识进行灵活运用，因材施教，这不仅仅是通过掌握德育知识就能做到的，需要教育者发挥德育智慧。除此之外，还有许多不确定的外在因素也随机地影响着整个德育活动，当然有些因素是正面的影响，有些因素则是负面的影响。人的内在因素和环境的外在因素使德育过程始终处于一个复杂的、不确定的状态，千变万化、丰富多彩的德育活动要想顺利、有效地开展，需要教育者把自身具备的德育知识转化为德育智慧。

第三节　德智统一

任何一种社会美德都蕴含着人类智慧的火花，是人类经验的结晶。道德与智慧是相生相伴、相互渗透、相互促进的。二者你中有我，我中有你，不可分割。智慧德育必须指向“德智统一”，这既符合道德的内在逻辑，也是现代德育的必然要求。没有道德的智慧是苍白的，而没有智慧的道德又是空洞的。在人生道路上，只有道德与智慧统一，生活才会变得充实和美好。一个和谐幸福的人生背后，必然流淌着高度成熟的心灵智慧，而在心灵智慧背后支撑其永恒发展的必定是那清澈隽永的道德。

一　道德与智慧是统一的

道德与智慧从根本上讲是统一的，这种统一具体体现在以下几个方面。

(1) 道德与智慧相生相伴

一方面，人的道德不是与生俱来的，也不是一蹴而就的，而是在实践生活中，通过多次比较、判断、选择、实践、反思等活动而逐渐形成的。每个人都会将自己积累的道德知识与道德情境相结合，从而形成对道德知识的理解。在理解道德知识的基础上，人们的道德经验不断地积累，道德思维定式和习惯逐渐形成，这就是道德的形成。这是一个漫长的过程，这个过程中比较、判断、甄别、选择、确认、反思等各种活动，都是充满智慧的，而道德形成的过程就是智慧发生作用的过程。因此，智慧对道德的形成有着重要的作用，没有智慧，道德就不可能产生。而在生成道德的过程中，智慧也在不断地生成。人们道德思维定式和习惯的形成，既生成了道德，也生成了智慧。另一方面，从道德与智慧的形成过程来看，如果智慧相关因素发生了问题，道德的形成就会受到影响，能力的高低都会影响道德的最终形成。而道德发生了问题，智慧也会受其所累。如果一个人充满了贪婪、虚伪等恶性，那么他就不可能成为一个智慧的人。恶性不除，智慧不在。当道德和智慧生成以后，二者相互促进，共同进步。然而，当一方出现退步时，另一方也会受到损害。可以说，道德与智慧是一荣俱荣、一损俱损，两者相互依存，相生相伴。

(2) 道德与智慧相互融通

道德与智慧通常是你中有我，我中有你，相互融通。一方面，道德是智慧的内在要求，失去了道德内涵，智慧就不能称其为智慧。另一方面，道德又是智慧之花结出的果实，并且是智慧的重要体现，没有智慧，就没有真正的道德。世界上真正有智慧的人，必然具有高尚的道德情操；没有道德德性的人，必然不能被称为智慧的人。智慧有着社会上通常认可的基本道德要求，即智慧蕴含着道德的因素，从而使智慧释放着道德的光芒。道德实践是充满了智慧的活动，道德蕴含着智慧的因素，道德是智慧活动在不同情境下反复积累而形成的，具有道德的人必然是智慧的。道德本身需要智慧的滋养，而智慧的发展则需要道德的引领。

(3) 道德与智慧相互促进

智慧活动能够促进人的道德的形成，而高尚的道德情操又有利于人开展智慧活动。因此，道德与智慧二者是相互促进的。具体来讲，第一，人们对道德的要求促使人们智慧的觉醒，促使其注重自身智慧的提高，促进人们进行智慧的开发与培养。人们在自我意识和自主意识的作用下，面对现实生活的挑战，会生成自己的道德愿望，促使人们去开发和运用智慧。第二，对智慧的向往促进人们重视自身道德品质的提升。人们在接受智慧培养的过程中，会注意到智慧对道德的要求，从而在培养智慧的同时也注重道德的培养。随着智慧水平的提高，道德养成和提升的速度也会加快。第三，一般来说，道德修养的完善与智慧水平的提高是正相关的关系。道德的不断完善需要人们不断地提高智慧水平，道德要完善，必须以智慧水平的不断提高为基础，智慧水平不提高，道德不可能完善。而智慧水平的提高反过来也需要人们道德的不断完善。如果人们要在生活的各个领域运用智慧，使智慧得到高水平的发挥，那就要强化自身相应的道德，使自己的德性趋于完善。

二　德智结合　修德启智

学校德育必须加强对智慧的深度挖掘，使道德与智慧相结合，做到修德启智。一般来说，智慧是道德的基础。智慧是向善的，人们通过智慧对自然规律和社会发展规律进行认识和把握。智慧有助于增强人们的认识能力和实践能力，有助于人们更加准确地掌握真理，有助于人们形成科学的道德观念，有助于人们区分真伪，提高辨别是非、善恶的能力，有助于人们形成科学的世界观、价值观、人生观和道德观。智慧是合规律性，道德是合目的性。人们如果没有智慧，就有可能违背事物发展的本质和规律，就不可能获得合目的性的活动结果。人们只有在智慧的引导下，才能实现行为活动中合规律性与合目的性的统一，达到道德的要求。因此，智慧是道德的前提和基础，没有智慧，人们的道德就会永远处在未萌发的状态，而不能成为真正的道德。另外，道德之光，普照万物。智慧正是因为有了道德的温暖，才给人类的生存提供了指导。在道德与智慧的关系中，道德是智慧的灵魂，它统领人们的智慧，并渗透于人们生活的方方面面。人们探求和运用真理和规律必须要受到道德的制约，善和恶作为目的规定了真理和规律运用的价值取向，智慧要符合人类社会的道德要求。道德是智慧的目的和动力，一切智慧的落脚点都要在道德上面。

在学校德育中，学生的道德品质就像一座富矿，必须用智慧来进行挖掘和提炼。没有智慧的激发，学生的道德境界也很难提升。学生品德的培育蕴藏在道德智慧培养之中。道德智慧不是虚无缥缈高高在上的，它立足于现实，附着于能力上，是由不同的能力要素构成的。只有加强对道德能力的培养才能促进道德智慧的发展。因此，在德育过程中，教育者要有意识地培养学生面对多元文化现象和价值观的辨别能力、判断能力、选择能力、实践能力等，这样才能形成学生稳定的道德品质。智慧德育是追求“德智统一”的德育，主张完整的德育必须是德与智的完美结合，修德启智是实现德育价值的必然要求。“‘大德敦化’仁智合一，厚切化也；‘小德川流’，渊泉时出之也。”[①] 德智结合，修德启智，这是智慧德育的必然选择，培养既有智慧又有道德的学生符合人全面发展的科学理念。智慧德育要重视德智互用，德智并行，这是智慧德育必须要遵循的要求。

三　坚持德育与智育相统一

德与智的关系是诸多学派共同关心的话题。在我国古代教育中，德与智的区分并不明显。那时，学生学习的内容主要是四书五经之类的儒学典籍，这些书籍原本就是德育教材，因而在教学过程中，德与智浑然一体，无明显分化。虽然也单独讲德，但更多的局限在怎样修身做人的范围之内。后来，随着社会的发展，教育内容逐渐扩展，各门学科相继独立，德育也随之作为一门独立学科而进入教育过程。于是，德与智分化开来，同时也就产生了二者的关系问题以及对二者地位和价值的评价问题。德与智的概念是抽象的，作为现实又是具体的，是体现在具体人的身上。德与智作为具体人的存在形式，对于任何一个正常的社会人都是不可或缺的，无论少了哪个方面，都不能称为健全的人，德与智的有机统一才构成完整的人格。德与智是互为因果，互相促进的。一方面，德是智的基础，德促进

① 张载：《正蒙·至当》。

智的发展并规定其发展发向；另一方面，智是德的保证，没有智的作用的发挥，德就不会顺利生成。“完整的德育应该是智德统一的，而不能分离，智德分离的德育，责权利就无法统一。智德分离的德育，是一种被动的、盲从的德育，是一种弱者的德育。这种德育导致行善的人，不能保护自己，不敢创造，也不能承担责任。智慧的德育求智德统一的德育，它有丰富而独特的学校文化，是尊重和张扬师生个性人格的德育。这是一种充满创造性的德育，是生机勃勃的德育，是使学生成为生活主人的德育。它既注重培养学生的认知能力，清醒的理性能力，对公正、正义的判断能力，也注重对内心情感体验能力的培养。”①

“德智统一”是智慧德育的必然要求。在德育过程中，坚持“德智统一”，就要做到德育与智育相统一。

一方面，德育与智育本身就应该是相统一的。首先，德育对智育有促进作用。学生思想品德的发展对于学校智育的发展起着灵魂与统帅作用，学校通过德育能有效地推进智育任务的完成。积极的思想，健康的情感，坚强的意志，良好的习惯，能够促使学生珍惜时间、自觉学习、勇攀高峰。其次，学校智育有利于提高学生的思想认识。所有的科学知识体系，都孕育着思想道德教育的因素，智育过程本身就有德育功能。科学文化知识与思想道德素质有着客观的内在联系，这就决定了教师的一切教学活动都具有思想道德教育的作用。事实上，现代科学技术的进步并没有削弱德育与智育的关系，而相反，它还赋予这种联系以更新、更丰富的内容，使学校在传播知识和发展智慧教学过程中，从多方面加强对学生的思想品德培育。

另一方面，德育与智育的统一是教育规律的客观要求。德育和智育互为条件，互相促进。学校德育最基本、最主要、最经常的方法和形式都是通过教学过程来实现的。学校德育绝不仅仅是通过专门的德育课程来完成的，而是在对学生各门学科的教学过程中潜移默化地进行，这是学校德育的最大特点，也是其最大优点。失去了这个特点和优点，学校德育就不能顺利地完成，更不会取得应有的效果。而学校德育一旦被削弱，学生就会失去学习的动力和努力的目标，同时也会缺乏社会责任感和义务感，失去学习的积极性和主动性，从而影响学校智育的进行。当前学校德育缺乏智

① 朱小蔓：《中小学德育专题》，南京师范大学出版社2003年版，第20页。

慧的一个重要表现就是把德育和智慧割裂开来。事实上，智育本身对德育有着重要的意义。夸美纽斯就曾经说过，睿智、节制、勇敢和公正是最基本的、最重要的德行，而对事物进行判断是德行的基础，所以说睿智是道德生活的指导者。第斯多惠认为，每门学科除了它的智育价值外，还有道德的意义。赫尔巴特认为，教学如果没有进行道德教育，只是一种没有目的的手段，道德教育如果没有教学，就是一种失去了手段的目的。正所谓，“教书育人”，教书和育人不可分割，这是不以人们意志为转移的客观规律。

在各门学科的教学中进行德育，把德育与智育统一起来，这是智慧德育的原则，也是德育过程和智育过程本质联系的客观要求。对于学生来讲，思想品德形成的过程是道德的知、情、意、行，由简单到复杂，由低级到高级，由量变到质变的矛盾运动过程。在这个过程中，知识是基础，没有一定的科学文化知识作为基础，学生就难以理解外在的道德规范，也不会有必要的道德视野和科学的思维方式。当然，没有一定的品德修养，学生也会失去学习的动力，失去学习的目标，在探索未知的世界中难免碰壁。智慧德育是一个全员育人、全程育人、全方位育人的机制，智慧的教育者必然会将德育与智育进行有机的统一，引导学生通过文化知识的学习，提高学生的思想认识和道德认识，使学生具有正确的政治立场和科学的价值取向，能够明辨是非善恶，崇尚科学，向往真理，热爱生活，追求有价值的人生，逐渐生成自我的道德智慧。换句话说，学生的道德智慧只有在智育与德育有机结合中，才能生成、发展和提高。

第四节　知行合一

“知行合一”是关于认识和解决道德认知与道德作为关系的思想观念，这里的知是指道德知识，行是指道德实践。“知行合一”要求既不能把道德知识当成道德行为，认为有知便有行；也不能以道德行为来代替道德认知，认为行便是知。只有道德知识与道德行为的辩证统一，有机结合，才能符合智慧德育的价值要求。

一　知与行是智慧的重要组成部分

早在古希腊，亚里士多德就将知识或认识、行为或实践看作是智慧、明智的构成要素，认为智慧是知与行的统一，对此，他有许多论述，他指出，明智“就是善于考虑对自身的善以及有益之事”①。“智慧的人以那些可证明的知识为对象”②。“一个智慧的人绝不可能只知道由始点引出的结论，而要有关于开始之点的真理性认识。”③“明智必须是对人的善，是真实理性的实践品质。”④“明智是实践的。理论与实践两者都为必要。”⑤可见，知与行是智慧的重要组成部分，对此，我们可以从以下两点来理解。首先，知识是形成智慧的基础要素。智慧的形成与发展是一个复杂的、具有连续性与阶段性的过程。在学生智慧发展过程中，知识的学习和积累起着重要的作用。智慧是人们认识事物并运用知识解决问题的一种能力。在解决问题的过程中，知识是基础，一般而言，学生掌握的知识越多，头脑中的知识库储存越丰富，对解决问题就越有帮助，解决问题的能力就越高。同时，就智慧的实现方式来说，智慧必须根据大脑中的知识来进行分析、综合、比较、判断、概括，进而做出行为的选择。所以，知识是智慧最基本的要素之一，知识和智慧有着紧密的联系，智慧是在知识的基础上形成的，没有知识就不可能拥有智慧。“知识是智慧的基础，智慧是知识的升华。或者说，知识是智慧的物化，智慧是知识的迁移。”⑥智慧的诞生必然与知识有着千丝万缕、不可分割的联系，可以说，没有知识的积累就不会有智慧的出现。智慧需要在获取知识的过程中得到开启、丰富和发展。只有知识渊博的人才有可能是智慧的人，而无知的人在任何时候都是与智慧绝缘的。智慧是种子，知识是土壤，智慧的生根发芽、茁壮成长，必须要吸收知识所提供的营养。因此，在智慧的内涵中，

---

① ［古希腊］亚里士多德：《尼各马科伦理学》，苗力田译，中国人民大学出版社 2003 年版，第 122 页。

② ［古希腊］亚里士多德：《尼各马科伦理学》，苗力田译，中国人民大学出版社 2003 年版，第 124 页。

③ ［古希腊］亚里士多德：《尼各马科伦理学》，苗力田译，中国人民大学出版社 2003 年版，第 125 页。

④ ［古希腊］亚里士多德：《尼各马科伦理学》，苗力田译，中国人民大学出版社 2003 年版，第 123 页。

⑤ ［古希腊］亚里士多德：《尼各马科伦理学》，苗力田译，中国人民大学出版社 2003 年版，第 126 页。

⑥ 靖国平：《教育的智慧性格——兼论当代知识教育的变革》，湖北教育出版社 2004 年版，第 61 页。

必然蕴含着知识的元素。当然知识并不等于智慧，知识是智慧产生和发展的必要条件，而非充分条件。一个人拥有了知识，并不意味着其一定会拥有智慧，从知识到智慧有一个吸收、迁移和内化的过程。“知识是人生的基本材料，智慧是合情合理（明智）地运用知识材料获取人生幸福的能力和本领。”①

其次，行为、实践是构成智慧的必备要素。《哲学百科全书》对智慧作出了这样的规定：“从最广泛、最普遍的意义上说，智慧指的是对生活行为做出合理的、满意的判断。智慧可以伴之以渊博的知识、敏锐的理智和深刻的预见，但它并不是这些中的任何一种，而是在它们不在的地方显现。智慧涉及理智的理解或洞察，但与其说它关注对事实的肯定或理论的严密，不如说是关注实践生活的手段和目的。”② 由此看来，智慧是具有实践意向，最终是指向实践的。智慧并不是单纯的知识和能力，更重要的是其实践意义或者为生活服务的意义。智慧所面对的往往是实践中的问题、疑惑、矛盾、冲突以及困难等现实存在的状况，智慧的成长也是在这样的状况或环境中获得的。因此说，智慧的对象是现实性的，智慧成长的方式具有实践性和行动性。智慧本身就是实践和行动的产物，智慧的视野总是现实的、生活的。而事实上，人的智慧的显现正是更多地表现在社会实践和现实行动中，而不是表现在抽象的思维和理性的认知中。智慧必须与实践、行动发生有机的关联，唯有此才是真实的、有效果的、有意义的智慧。可以说，人们只有通过实践，才能够接触事物和现象，更要通过实践，才能够触及事物和现象的本质。在实践中，不断发现事物的本质联系，找出事物的内在规律，从而才能真正地获得智慧。另外，知识是智慧的起点，而实践则是智慧的最终落脚点。一个人是否有智慧，不仅仅是看其拥有了多少知识，更重要的是看其实施什么样的行为。实践是检验人们智慧与否的标准，一个人的智慧若不能在实践中得到检验，不能在行为中得到体现，那么这样的智慧便是空谈。

正是基于智慧所蕴含“知”与“行”的元素，所以真正的智慧必然是“知行合一”，或者说只有达到“知行合一”，才能称得上是智慧。

---

①　靖国平：《教育的智慧性格——兼论当代知识教育的变革》，湖北教育出版社 2004 年版，第 72 页。

②　“Wisdom”, in *The Encyclopedia of Philosophy*（2nd Ed.）, Macmillan Reference USA, 1996, p. 73.

“知”是属于理论智慧，而“行”则是实践智慧。智慧的发展遵循着从理论逻辑到实践反思，再到产生新的认识这样一个发展脉络。一个智慧的人，不仅要有一定的知识积累，还要做到理论与实际相结合。学生在提高对客观对象认识的同时，必须要将认识应用于实践中，做到身体力行。在实践过程中，教育者指导学生对现有认识进行不断反思，对已有的知识结构进行调整，形成新的知识体系。唯有此，学生才能达到人生的智慧境界。

二 “知行合一”是中国传统道德智慧的精髓

张岱年指出：“中国哲学在本质上是知行合一的。思想学说与生活实践，融成一片。中国哲人研究宇宙人生的大问题，常从生活实践出发，以反省自己的身心实践为入手处，最后又归于实践，将理论在实践上加以验证，即是，先在身心经验上切已体验，而得到了一种悟；了悟所至，又验之以实践。要之，学说乃以生活行动所依归。”[①] 知行观是中国传统哲学体系中的经典命题，中国传统道德始终倡导“知行合一，知行合体”，“知行合一”是中国传统道德智慧的精髓。

孔子一生注重知行结合，言行一致。他要求“君子欲讷于言而敏于行”,[②]“敏于事而慎于言”,[③]“先行其言而后从之”。[④] 他认为，古代的君子言语不轻易出口，就是怕“躬之不逮”,[⑤] 即自己的行动赶不上语言。孔子主张知行统一，重视实践，力求让学生通过躬行践履将知识转化为能力。他认为，知而不能行，其知无用，等于不知。孔子最先把“知行合一”，纳入教学过程中，形成了“知行合一”的教育智慧。

荀子也特别重视“知”与“行”的辩证统一。他提到：“不闻不若闻之，闻之不若见之，见之不若知之，知之不若行之，学至于行之而止矣。……故闻之而不见，虽博必谬；见之而不知，虽积必妄；知之而不行，虽敦必困。”[⑥] 在这里他论述了教学“闻、见、知、行”的过程，特

① 张岱年：《中国哲学大纲》，中国社会科学出版社 1982 年版，第 5 页。

② 《论语·里仁》。

③ 《论语·学而》。

④ 《论语·为政》。

⑤ 《论语·里仁》。

⑥ 《荀子·儒效》。

别论证了“知”与“行”的关系。闻、见都属于“知”，即认识范畴。知是为了行，行了才算真知，行即实践。“不登高山，不知天之高也；不临深谿，不知地之厚也。”[①] 这里的“登”“临”都指实践。

朱熹认为，学生通过学习懂得了道德纲常则贵在力行。“夫学问岂有他求，不过欲明此理，而行之耳。”[②] 同时，朱熹还强调知与行的相互依赖，相互促进，“知行常相须，如目无足不行，足无目不见”[③]。当然，中国传统文化中的知行关系更多被人伦化，更强调行为的社会性、实用性和经世致用，较少从认识论的角度去追求探索理论与实践的结合。

明代大儒王阳明对知行关系有着深入的研究。王阳明认为“知”与“行”不可分割，相互渗透。他说：“知行不可分作两事。”“知是行之始，行是知之成。”“知是行的主意，行是知的功夫。”[④] 王阳明主张在教学过程中要知行并进，知行合一。他说：“知之真切笃实处，即是行，行之明觉精察之处，即是知。”[⑤]“明觉精察”是“知”的特点，“真切笃实”是“行”的特点，两者应并进，缺一不可。只有发挥“知”对“行”的指导作用，才能保证“行”的正确方向；只有用“行”来完成“知”，才能得到真“知”。王阳明认为知与行没有截然的划分，更没有谁先谁后的逻辑顺序，而是作为同一完整过程齐头并进的两个方面。二者有机统一，彼此不可割裂。

关于“知”和“行”的关系，王夫之在对王阳明进行批判的基础上，又提出了“知行相资以为用”,[⑥]“行先知后”[⑦] 的观点。他认为知和行既有区别又有联系，而其中“行”是主要的。他强调“力行而后知之真”，即“力行”是获得“真知”的前提。

可见，“知行合一”是我国传统道德智慧的精髓。人的智慧提升是人的心灵体悟和自我实践的统一过程，智慧不等于知识，而是知识的运用，是知与行的结合，是知行合一。从本体论的角度来看，“知”与“行”事

① 《荀子·劝学》。

② 《朱子文集》卷54。

③ 《朱子语类》卷9。

④ 《王文成公全书》卷一（传习录上）。

⑤ 《王文成公全书》卷二（传习录中）。

⑥ 《尚书引义》卷三（说命中二）。

⑦ 《读四书大全说·大学》。

实上是人存在的两种方式；从方法论的层面看，“知”与“行”又是人们认识世界的重要方式。因此，德育智慧品性的释放，必然也要立足于知与行两个要素；培养学生的道德智慧，必须要引导学生做到“知行合一”。

“知行合一”是道德人格的具体化，是道德智慧的应有之义。另外，单纯的知还处于文饰而未内化阶段，并不能自然释放出内含的智慧。因此，对于“知”不能停留于一般意义的理解，而要进行特殊的心灵体认。这里的心灵体认就是对知识的具体实践和升华。对于个体而言，要通过自身深刻的人生实践体验去沉淀和感悟知识，唯有此，持久的价值取向和真理状态才能走进个体的精神世界，成为内在的智慧。在智慧德育中，教育者通过智慧的德育方式，启发学生的道德自觉，重视学生个体身心修养的提升和精神境界的提高，实现道德品格的完善。在这个过程中，教育者不仅要重视学生思想认知的变化，而且还要重视学生“知道”以后的“践履”和“躬行”，即不仅要“知德”还要“行德”，只有顺利实现知、情、意、行的转化，道德智慧才算生成。因此，智慧德育注重学生道德的日常磨炼，让学生在真实生活情境中，在解决具体道德矛盾和道德事件中，推动个体道德智慧的生成和提升，并且在生活实践中对学生的道德智慧进行检验。

三 当前德育中的知行分离

当前德育缺乏智慧的一种表现，就是在不同程度上出现了知与行的不一致，甚至出现二者的背离。这种背离体现为以下两种错误倾向。

一种是，一些教育者片面强调道德知识的重要性，而忽视了德育实践，忽视了道德行为的培养。一些教育者企图仅仅让学生通过对道德知识的学习来提高道德能力，提高学生的道德素质，结果造成学生知与行的不一致，形成了“双重人格”：他们掌握了大量的道德知识，但与此同时却依旧会做出一些不道德的行为，表里不一，知而不行。片面强调道德知识就会造成重课堂教学轻社会实践，进而造成学校德育与实际生活的割裂。当把德育等同于一般学科知识性教学的时候，德育便开始忘却了本应置身其中的生活世界，割断其与社会实践的“脐带”，失去了自己的源头活水。由于有的教育者开展德育以道德知识的讲解和道德观念的传授为主要任务，片面注重规定，强调服从，缺乏与生活实践的联系，因此一些学生出现了知行脱节，人的道德行为与思想观念分离。就这样，德育成了与现实生活和学生行为不相干的东西，它高高在上，既不能激发学生们的情感，也不能指导学生们的生活，难以转化为学生的道德智慧。

另一种是，在行为主义影响下，有的教育者在德育中重行轻知，导致学生行而不知或由于无知而错行，无法形成和表现出道德智慧。道德知识是自觉的道德行为的基础和前提，自觉的道德行为都是以道德知识、道德认知为基础而实施。面对一个特定的道德情境，人们首先要运用已掌握的道德规范对道德情境进行判断，并由此为基础作出正确的道德选择，实施正确的道德行为。在德育中如果片面强调道德行为的价值，就可能会忽视道德知识、道德认知的作用。在这种情况下，学生即使出于真心来追求道德价值，但如果没有足够的道德认知与道德知识积累，不能对自身所处的道德情境作出科学判断，那么在其道德价值实现中很有可能出现事与愿违的情况。“农夫与蛇”的故事就是一个典型的例子。在这个故事中，农夫所谓的行为，体现的“愚者的善”，不能反映出道德本身真正的价值魅力，也就不能够称其为道德。学校德育重行轻知的倾向，放逐了善基于知的逻辑前提，同样也不利于学生道德智慧的形成与发展。

四　“知行合一”是智慧德育的追求

智慧德育追求“知行合一”，即智慧德育强调对学生进行道德知识教育，又强调学生将道德知识转化为道德行为，进行道德实践，既要提高学生道德认知，又要要求学生做出相应的道德行为，从而把认识和实践、思想和行动统一起来。

智慧德育要向学生传授道德知识，使他们理解社会主义道德原则与道德规范，理解社会对个人行为的道德要求，明白道德实践的真正价值，获得“知”，从而指导他们的道德行为。“知”是行的重要前提，“知”即德育的内容必须贴近学生现实道德生活的实际。教育者必须认识到德育与其他学科的知识性教学不同，德育是一种培养学生实践精神、实践能力的教育活动，德育的知识必须用于指导学生的道德行为才有价值。因此，智慧德育要注重学生的“行”，通过多种途径和形式的道德实践活动，调动学生的积极性、主动性和创造性，使学生在实践过程中学到更多的道德知识，使道德知识能够被学生理解和接受，并在道德实践中予以检验；使学生在正确的道德知识和道德意识的指导下，自觉自愿地做出有利于他人和社会的道德行为。

“知行合一”要求把理论学习和社会实践结合起来。但这种结合，不是简单地理论加实践、知识加行为，而是要做到理论与实际的有机结合，把感性认识与理性认识、思想和行动统一起来。首先，要使学生的思想道德认识有实践的感性材料作为基础，防止理论成为抽象的概念和空洞的说辞。其次，要帮助学生把在实践中获得的感性材料提高到理性的高度去认识，并使学生在理论的指导下，去理解感性的东西，学会运用。同时，还要帮助学生用已学过的道德原则、行为标准去分析和判断道德现象。再次，引导学生把学到的道德知识转化为自身的道德信念和行为动机，并坚持在实践中予以贯彻，做到言行一致，知行合一，从而形成道德智慧。认为学生有了一定的道德知识积累，就会具备高水平的道德智慧，这是典型主知主义的表现。评价学生的道德智慧，既要看其思想、言论，更要看其行为、实践。最后，要求学生的实践行动要有正确的指导思想和正确的行为动机。如果学生在做出某种道德行为时，仅仅是出于一种无意识习惯，或在某种错误道德观念指导下的“歪打正着”，没有相应的动机，则不能认为学生具有道德智慧。学生的道德行为不应是盲目的实践活动，更不应是在错误思想指导下去行动，而应是在正确思想指导下，发自内心的纯善动机而实施的道德行为。

第五章

智慧德育的实践建构

德育活动是平凡的，但平凡的德育活动却离不开智慧。智慧德育的实践源于对德育思想的更新，对学生情况的把握和对德育规律的遵循。德育是塑造学生精神和智慧的艺术，智慧德育的实践建构不是介绍那些可以照搬照抄的措施、技巧，而是倡导教育者在遵循智慧德育基本方略的前提下，运用自己的智慧去观察、思考、实践、创造……

第一节 智慧德育的实施原则

智慧德育作为培养学生道德智慧的活动，需要教育者的德育智慧，它不像工业生产那样按照严格的操作规程办事，但又要遵循德育的规律和原则；它不像文学艺术那样有极为广阔的自由想象和创作空间，但又离不开独立钻研和创造性的发挥。智慧德育既要踏踏实实，一步一个脚印；还必须解放思想，学会巧干，灵活地运用德育方式方法。教育者要立足真理，有所发现，有所创造，有所前进。在具体的实践过程中，智慧德育应遵循以下原则。

一 贴近生活实际

道德智慧与生活具有同一性。道德智慧来源于人们的生活，表现于人们的生活之中，并在生活中得到发展。一方面，现实生活是道德智慧产生的环境，是培养学生道德智慧的起点；另一方面，应然生活是道德智慧所要达到的理想之国，道德智慧就是要让学生过上幸福的、道德的生活。

德育是学生生命成长和教师价值展现的一种独特的活动。智慧德育是一种开放的状态，强调在学生具体的生活中开展德育活动。在智慧德育中，学生的主动性、积极性、创造性得到不断的生成、发展和提升，教师的智慧、激情和经验得到激发、展示和张扬，德育过程实际上也就是师生感受生活、享受生活的过程。德育过程是一种生活，一种德育生活，它凸显的是生活，强调的是建构，关注的是学生道德智慧的提升。在智慧德育中，教师要引导学生在真实的生活情境中去观察、感受、体验、分析、反思，用理想的生活去引导和提升学生的真实生活，让德育为学生打开一扇心灵的窗户，使学生看到窗外美丽的风景，精彩的世界，在享受中不断成长。当学生进行德育时，其自身的知识经验、成长背景以及价值取向一起卷入活动之中。因此，培育学生道德智慧要关注学生原有的生活经验，了解他们的现实生活需要，将德育内容与学生的生活实际联系起来，激活学生已有的生活经验，使德育活动成为对学生的一种生活引导，实现德育内容与学生生活经验的整合，真正促进学生积极主动地自我教育，自我发展。

智慧的教师应当在德育内容与学生生活之间建立一条相互沟通的渠道，使学生能够顺利地进入实际生活中，使德育过程不再只是接受、掌握、复制道德知识的活动，而成为体检、实践和创造的活动。德育内容要真正进入学生内心，在学生心里运转起来，成为学生生命活动本身的组成部分。教育者要以自身的文化积淀、知识经验以及思维方式诠释德育内容，开创德育内容新的生长点。同时，教育者还要努力挖掘现实生活中的德育资源，将其引入课堂，拓展课程的广度，增加课程的生动性，使德育不再枯燥，而是充满新鲜感。

在学生眼中、心中的生活世界和成人不同，教师可以从不同层面帮助学生建构生活经验与德育内容的联系。以往德育内容大多是源于英雄的事迹，伟人的经历，对学生实际生活关注不够，因此并不能构成学生的生命活动与感动。所以智慧德育要关注学生的现实生活，珍视学生生活的价值。教育者要根据自身对德育内容的感悟和理解，对课程内容进行筛选、整合与重组，把德育内容和学生的生活世界、经验世界、情感世界融合起来，使德育过程不再是空洞的说教，而成为学生真切的体验与感悟，能对学生生活形成有效的指导。

智慧德育要立足学生的现实生活经验，着眼于学生的发展要求，把道德原则、道德规范融入生活题材，围绕学生关注的生活问题组织教育活动，追求生活逻辑与道德逻辑的有机统一。也就是说，教育者要基于学生的生活，把学生生活当作德育的起点和基础，同时要以道德规范和道德知识为主线寻找与道德生活相结合的内容和目标。首先，要引入学生生活素材，感知生活场景。既可以将生活中的具体事例、场景作为德育的素材，也可以通过巧设问题、自主探究、交流合作等教学环节，引发学生进行深入思考、感知生活中的道德智慧。其次，营造生活场景，呈现生活问题。要结合教学目标和具体生活场景进行有效设问，在问题的呈现—探究—解决过程中开展德育，使学生由感性道德认知上升到理性道德认知。再次，关注学生感兴趣的社会生活热点，通过多种新媒体手段以图片、动画、视频等形式将社会热点进行展现，让学生更加易于感知，然后结合德育目标开展教育。最后，鼓励学生通过实践来真实体验和感受社会生活中遇到的问题。在学生真实体验的基础上，德育过程就会鲜活起来，学生的积极性也会提高，思考问题时就有了生活的起点。学生在感知生活同时，获得超越生活本身的理性思考，在教师的引导下，顺利实现由生活现象到道德知识、道德思维和道德智慧的飞跃。

德育的最终目的是培养学生的道德智慧，促进学生思想品德的全面发展。在这个过程中，德育必须要回归生活、服务生活，真正转化为学生参与社会生活的能力。要从具体的生活细节入手，让学生感受到生活的真实，从而尝试应对实际的矛盾冲突，提升解决道德问题的能力。教育者可以精选实际生活中的问题加工成案例，在课堂上师生共同探究尝试解决这些问题，然后再让学生回归生活，检验学生是否能够利用基本知识、方法去解决现实中的问题。智慧德育就是提升学生未来生活的本领和能力，引导学生认识生活、参与生活，形成正确的价值判断，为生活提供方法指导。因此，智慧德育在实施过程中：第一，德育目标要符合生活要求，要把德育过程定位在展示生活、认识生活，培养学生生活能力上；第二，德育内容要结合生活主题，找到道德知识与学生身边生活实际的契合点，自然有效地进行结合，切忌生拉硬拽；第三，德育方法要贴近生活，灵活多样，让学生在生活情境中对道德知识进行理解；第四，将师生同时作为德育活动的主体，注意发挥学生的能动性，使学生的主体作用和教师的主导作用得到充分发挥，让师生合作，共同研究生活中的问题，寻求解决方法，激发学生的积极性和主动性。

案例：

某小学语文老师刘某，同时兼任班主任。刘老师在讲授《松树的风格》一课时指出："本文的作者没有重复前人赞美松树的种种观点，而是选择了一个新的角度，即把松树的品格与共产主义风格联系起来了。正是这种首创，使本文大放异彩。"接着，他向学生提问："下面请大家开动自己的脑筋，运用自己的智慧，以'松树赞'为题，作一篇既与前人对松树的赞美不同，又与本文作者对松树赞美不同，新颖而独特的口头作文。"有一个学生是这样写的："在春分拂面的时节，桃李绚烂多彩；在郁郁葱葱的夏日，杨柳婀娜多姿；在秋高气爽的季节，菊花赏心悦目。可以说在春夏秋三季，百花齐放，诸树繁盛。而到了冰封雪飘的寒冬，万花早已凋谢，万树只剩枯枝。只有那青松，迎寒风，傲冰雪，绿容依旧，岿然屹立，吐露出一派生机。松树把美好的时光让给了别人，把严峻的时刻留给自己，这种先人后己的精神，不正是一种高尚道德品质的写照吗?"学生们在对松树的赞美中悟出了高尚的道德情操的具体表现。

这种诗意的德育，没有道德说教，而是让学生通过诗意地想象，表达了自己的道德感悟。另外，这也是将德育与其他学科教育的完美结合。这样的德育贴近生活实际，激发学生积极思考、积极参与，提升了德育本身的吸引力与活力，这必然是充满智慧的。

二 立足学生特点

德育之所以需要智慧，很重要的一点就是因为它面对的是作为独特个体而存在的学生，德育之所以充满智慧，也是因为教育者能够针对每一个具体学生的特点采用不同的策略与方法。因此，德育是一项充满着创造性的工作。千差万别的学生催生着教育者德育智慧的生成。用心关爱每一位学生道德智慧的成长，展现了教育者的大爱精神，也体现了教育者思想深处的智慧之花。

在智慧德育中，教育者要营造适合学生特征的文化氛围。德育活动的立足点应该是学生自己的世界，要引导学生用自己的眼睛来观察、研究和感受这个世界。当下许多教育者作为成年人往往不能理解学生，他们不断用成年人的思想和方式去限制和束缚学生，以爱的名义去剥夺学生的自由和快乐，造成学生的逆反和厌倦。智慧德育要求教育者要蹲下身子，放下姿态，站在学生的角度来思考问题，真正进入学生的世界，成为学生的朋友，要用学生的思维去启发学生，用学生的喜欢方式去引导学生，体现出对学生的尊重、理解和关注，这样的德育才是充满智慧的。教育者要充分了解不同学生的特点，从学生的角度观察生活，引导学生走进个人的生活世界和精神世界，并用自己的思维认识世界，用自己的语言表达和描述对生活世界的感受。

教育者不仅要重视德育活动对学生的意义，也要重视德育活动是否有意思，是否符合学生的特点，学生是否喜欢参与。学生不同于成年人，对于一项活动，学生并不是看其是否有价值，而是看是否有趣。而德育的价值实现在于学生的主动参与，因此智慧的德育活动应始终符合学生的特点，指向学生的实际需要，激发学生的参与兴趣，使学生主动参与、乐于参与到德育活动中来。当然，德育活动不能只停留在有意思的层面，而是要从有意思走向有意义，体现德育的本质，最终使德育成为促进学生道德智慧发展的有效活动。这有赖于教师运用智慧对德育活动进行精心设计。教育者可以通过创设角色情境来拉近学生和教师的心理距离，加强师生之间的情感交流。当学生按照教师预先的安排担当某个情境中的角色时，整个德育活动会充满生机盎然的气息。角色的设定与转化能产生新鲜感，能使学生由被动走向主动，成为活动的主人，使他们通过亲身的经历获得切实的体验和心灵的感悟。对学生来讲，听到的、看到的往往都记忆不深，只有亲身经历的才刻骨铭心、终生难忘。正如意大利教育家蒙台梭利所说："一件事，我听到了随后就忘了；看到了，也就记住了；做了，很自然地就理解了。"[①] 此外，教育者还可以引导学生进行探究和思辨，培养学生的问题意识，引导学生在德育活动中不断地反思，从而形成良好的道德态度，对社会和生活有一个合理地把握。

教育者要以宽广的胸怀来包容学生，要尊重学生对道德知识和生活世界的独特理解，尊重学生在德育活动中的体验和感受。教育者要允许并鼓励学生大胆地表达自己的看法和体会，对于学生提出的新颖或者有创造性的观点要予以充分的尊重和保护。尤其当学生遇到道德两难问题时，教师不能直接地对学生的见解进行肯定或者否定，要对学生不同的见解进行分析和评价，在师生交流中引导学生自我建构道德，获得成功的体验和信

① 转引自王清平《放眼生命的成长：品德与生活、品德与社会教学新视野》，广东教育出版社 2005 年版，第 230 页。

心，从而引导学生自我实现、自我超越。另外，教育者要重视学生的差异，满足学生的多方面需求，培养学生的个性，促进学生差异化发展。在德育活动中，教育者不能厚此薄彼，既不能只关注表现好的学生，也不能只关注表现差的学生，要针对学生的不同情况，富有耐心地加以引导，让每个学生都学会思考，有所收获。教育者要学会“架桥铺路”，给学生创造机会，使学生自主地学习，自由地学习，并在其中发现自己的闪光点，体验到成功的满足和学习的乐趣。另外，学生处于成长发展的过程中，他们天真、幼稚甚至是无知，但他们并不愚笨。学生对教育有着渴望与追求、信赖与期待，他们正用自己的纯真呼唤着教师。教育者要用发展的眼光来看待学生，当学生们遇到问题或者困难时，不妨耐心等一等，给学生一个思考的时间，给学生一个成长的机会，默默关注，静待花开。

案例：

学生周雁鸿（男），初中一年级随父母工作调动来到一所新的中学就读。该生在原来学校各方面表现都不错。刚到新的班级，学习委员将其姓名误登成“周艳红”，于是小周被大家嘲笑，说他起了一个女生的名字，甚至有学生给他取外号戏称他为“小红”。小周性格内向，又刚到新的环境，没有及时向老师求助，随后叫他外号的人增多。为了制止别的同学这样叫他，他采取了拳头的方式，半年时间将叫他外号的同学都教训了一遍，直到无人叫他外号为止。环境的改变，教材的不同，加上这半年的影响，小周对学校产生了厌倦，甚至不愿去上学，成为问题学生。

事实上，开学第一周，便有同学投诉小周动手打人。对于他打架，班主任也对他进行了多次教育，但效果不大。后来，因学校工作调整，新来了班主任李老师。李老师了解情况后，并没有在班上训斥他，而是把他带到操场上，和颜悦色地询问他是怎么一回事。小周在去操场的路上已经做好了挨骂的准备，却不想老师并没有骂他，他感到惊讶。

李老师问他：“来到新学校这半年过得开心吗？想念以前的同学和老师吗？”

小周委屈地说：“在这里一点儿不开心，很想念以前的学校、老师和同学们。”

李老师说：“之所以你感觉不快乐，是因为没有自己的朋友，还没有融入班集体的环境中。没有朋友就是因为你经常殴打同学们。”

小周很不服气地说：“是他们先给我起外号，我才动手的。”

李老师耐心地跟他解释；“同学们之间叫外号存在以下几种情况：一是觉得好玩；二是盲从，既然别人叫，我也跟着叫。这两种情况在同学们中占多数，而且都无恶意。当然，叫人外号本身是不对的。但不分青红皂白就把同学打一顿，结果就是没人愿意和你做朋友，这样你永远不可能快乐。”接着李老师继续跟他说：“我可以跟你打赌，如果你一个月内，保证无论怎样都不动手打人，就会交到朋友，感受到班集体的温暖和快乐。”

小周答应了李老师，说试一试。

后来李老师又根据小周善于跑步的特长，鼓励小周和班里爱好跑步的另外一名同学，一同参加学校田径队。由于他们两个有共同的爱好，两周后成了好朋友。而小周再没有发生打架事件，逐步融入了集体，被同学们所接受。小周感受到有了新朋友的快乐，同时也逐渐改变了自身的一些不良习惯。

苏格拉底说过：“教育不是灌输，而是点燃。”对于问题学生来说，做错了事不能简单地运用训斥、处罚等方式进行教育，这样做容易使他们产生逆反心理，甚至产生破罐子破摔的情况。老师应从爱护学生的角度出发，宽容待人，加强疏导，使他心服口服，点燃他的希望之火。这样他才会自觉改掉错误，走上健康成长的道路。另外，在德育中，智慧型教师一定要把握学生的特点，在学生烦恼，渴望得到人们的理解和慰藉时，要用师爱和集体的温暖去帮助他；学生感到郁闷和痛苦时，应引导他看到光明，从错误中吸取教训；在后进生情绪激动时，要抓住这种情绪波动，把他从错误中转化过来。

三　做到随机应变

随机应变是智慧德育的要求，也是教师德育智慧的集中表现，它主要体现在以下几个方面。

第一，因人而异。不同的学生具有不同的气质、性格、能力、品德以及成长背景，因此是千差万别的。对于这些充满生机与活力的鲜活学生个体，在德育中如果不考虑他们的差异，那么就不是智慧德育，德育的智慧品性就无从谈起。因此面对不同的学生，教育者要根据其不同的特点机动灵活地进行教育。当然，这是建立在尊重德育规律的基础上，而不是漫无目的地“随意应变”。

第二，因时而异。每个学生都是独立而具有无限发展可能的人，他们始终处于发展过程中。学生在不同的发展阶段，呈现出不同的身心特点。教育者要根据不同年龄阶段的学生特征，采取不同的教育方式、方法。教育者要注意把握教育时机。在德育活动中存在着最佳的德育时机，当德育时机出现，教育者要迅速而准确地作出判断并不失时机地采取适当行动。

第三，因地而异。德育实施的具体地点是德育过程重要的环境因素，在不同的地点开展德育活动是有技巧的。当前学校德育的主要地点还是在校内（当然少数时候是可以走到校外的），因此充分利用学校的德育优势恰当地开展德育活动尤为重要。例如，某个学校的光荣历史，校友的杰出事迹等，都是很好的德育资源。从这个角度讲，一些智慧高超的教育者之所以能够妙趣横生地实施智慧德育，除了其具备扎实的教学技能和德育艺术外，在某种程度上都能够做到“到什么山头唱什么调”。

第四，因境而异。学校德育的实施往往是在具体的德育情境中进行的，教育者面对不同的德育情境，对待不同的德育事件，要采取不同的措施。德育情境是多样化的、个性化的，德育事件又是偶发的，因此面对不同的德育情境和随时可能突发的德育事件，教育者一方面要随机应变，充分挖掘特定情境的德育资源；另一方面，教育者要时刻警惕，对可能发生的德育事件做好预判，实现德育事件和德育手段的耦合。

四　师生双向互动

智慧德育是一个师生双向互动的过程，教育者与学生同为德育活动的主体。教育者与学生的关系是德育过程中要处理好的核心关系，智慧德育注重教育者和学生之间的相互沟通和相互理解，它要求教育者在尊重学生需求和主体性的基础上，对学生进行及时有效的引导，使学生获得自由而充分的发展。德育过程是学生个体对外在的道德影响不断感受，促使自己的道德经验不断积淀进而重组并生成新的意义的过程。这个过程是师生之间相互沟通、相互理解基础上的双向沟通的过程，在这个过程中师生通过相互沟通、相互理解达成新的共识，从而实现对道德规范的超越。

一方面，当教育专家设计出的“理性的”“文本的”德育课程进入师生教与学的实践中，教师要能动地对课程进行理解，通过自己的方式将课程呈献给学生，并依据学生的反映情况，进行反思并作出调整。另一方面，学生作为鲜活的生命个体，也不仅仅是被动地接受，而是通过自身切实的感受、体验和理解进入课程，与教师形成交流互动，达成共识，产生共鸣。整个教学过程体现出的是一种主体间性，是教育者与学生相互作用、相互促进的过程。在丰富多彩、千变万化的德育过程中，教师要用心感受，用爱启迪，用自己的生命去点燃学生的生命，从而建立起师生双向互动的新型关系。

师生双向互动就是要重视师生之间的对话，强调师生之间的心灵碰撞。智慧德育应创设一个师生对话的平台，使师生的心灵在此相遇，产生道德情感的共鸣。在这个过程中，首先，学生通过对现实生活的体验，从中整理和反思自己的生活经验；其次，学生与教师展开对话，从中获得引导和启发；最后，学生在教育者指导下建构知识，重构生活。总之，智慧德育倡导的对话式德育方式为学生们提供了一个面对实际生活问题进行自我反思的机会，它使教育者与学生之间真心相交，倾情相诉。学生在对话中获得自主发展，感受到德育活动的魅力。另外，教育者作为对话的主导者和组织者，在对话过程中要善于汲取学生的生活体验，鼓励学生说真话，放手让学生提出问题，帮助学生建构新的生活意义。教师不能急于求成，要循循善诱，尊重学生，使德育活动充满亲和力，进而引导学生，通过对话逐步走进学生的内心，最终使德育活动具备现实和深远的效应。

总之，德育应是一场生命与生命的对话，充满智慧、灵气、活力和乐趣，是开发、积聚、放飞教师和学生想象力和创造力的实践活动。

第二节　智慧德育的实施策略

智慧德育是一种灵活的德育，其实施策略是多种多样、随机而变的，它要根据不同的学生、不同的时空条件、不同的德育情境等采用不同的策略。

一　寻找德育可能

寻找德育可能，也可以叫作寻找德育的着力点。而寻找德育可能必须要先了解学生，然后根据学生具体情况找到实施德育活动的着力点。

首先，教育者要读懂学生需要。传统德育效果不如人意很大程度上就是由于教师不了解学生，学生也不理解教师。要使德育具有针对性，找准德育的起点，使德育有所成效，第一个基础条件就是要读懂学生，这是学校德育顺利开展的基础性条件。智慧德育就是以此为起点，要求教师要具体地、深入地分析学生的需要，在这其中，最重要的就是要了解学生的心理需要。了解学生的心理需要不能仅限于心理学教科书，更重要的是与学生直接接触、交往。智慧的教育者，必须首先要能解读学生的心理状况，当学生出现了异常或与教师的预想出入较大时，教育者要从学生的心理需要出发，有的放矢地实施德育。要读懂学生的成长需要，在满足成长需要的基础上，提升需要，创造需要。读不懂学生的需要，德育的实施就成了不对病症的“下药”，这会对德育效果产生负面影响。教师在德育过程中遇到的学生都是具体的，具体的就是丰富的，充满变化的。不同的学生在具体时空中的变化，会改变其需要的形态、方式。智慧的教育者不能机械地把理论框架给出的生理、心理、社会、文化等方面的结构，套用到每个学生身上。不同的学生个体和群体，在不同的年龄阶段也呈现出不同的需要类型和特点。因此，教育者要关注的是学生具体成长中的需要，不同场景中的需要和不同实践活动中的需要。只有对真实的德育场景进行解读，才有助于理解学生真实的需要。任何理论的抽象解读都代替不了具体的、有针对性的解读。没有对学生的了解，学校德育就会失去“靶子”，偏离方向。解读学生、了解学生的需要是实施智慧德育的前提，它贯穿德育过程的始终。

其次，根据学生的具体情况找到德育可能，即找到学生可能发展的方向，因势利导。这种可能在哪里？这就是一个需要智慧才能回答的问题。在德育中，对于学生表现出来的行为和状态，教育者要多问几个为什么，要形成研究学生的意识和习惯，这样才有可能看到学生发展的可能。人是可能的、可塑的，这是教育学生的理论前提。而德育要找到每个学生具体的道德和人格的发展可能，这是智慧德育实施的重要一环。上面我们提到的读懂学生需要只是条件之一，要将学生需要转化为现实的可能，需要教育者在具体的德育实践中，根据敏锐的观察，通过娴熟的技巧不断地进行尝试，要善于发现学生身上的特殊之处和发展方向，从而使其成为德育实施的突破口。

例如：某学生总是在学校的墙壁上乱涂乱画，严重影响了校园形象。许多老师包括学校领导都找该生谈话，批评其行为不文明，不道德，但是没有收到效果，并使该生产生逆反，变本加厉，更加肆意地乱涂乱画。其中一位老师却认为，该生画的东西很有艺术感，线条、构图都不错，她断定该生有美术天赋，于是提出让该生加入学校美术社团，与其他同学一起为学校出黑板报，并鼓励这位同学立志报考美术学院。后来，该生改掉了乱写乱画的毛病，成为学校美术社团的骨干。六年后，居然考上了中央美院。这个例子就是抓住德育着力点和学生发展方向的生动案例。

从学生需要转化为德育可能，把抽象的可能转化为具体实践场景中的现实可能，是德育是否具有智慧的重要标志之一。培育学生道德智慧的前提就是要找到德育可能，只有对此有了具体的突破，德育才算真正有了效果。找不到德育可能，德育同样也是盲目的。因此，寻找德育可能是智慧的教育者要具备的能力。一旦找到了可能，就找到了学生品德发展的着力点，德育的突破口也就随之出现。总之，在读懂学生的基础上，通过不断地观察、了解和敏锐地捕捉，发现教育学生的着力点，是实施智慧德育的必要环节。

二　抓住德育时机

读懂了学生的需要，找到了德育的可能，这只是形成具体德育意向的基础。智慧德育要求教育者在把握学生需要和德育可能的基础上抓住德育的时机，既要学会等待，又能够果断出击。学生思想问题的产生发展过程是其思想矛盾运动不断展开的过程。在矛盾的解决中，客观上都会存在一个有效的最佳解决时机，这时各方面的条件相对充分。在智慧德育中，教育者要依照学生思想的变化规律，有效地把握解决学生思想矛盾的“火候”和“时机”，及时开展教育。所谓的“火候”与“时机”就是学生的思想发展处于混沌状态中，即将转向有序或者无序的临界态势。此时，学生的思想正处于萌芽状态，尚未定型，还不稳定，教育者要抓住这个临界状态开展德育，这时，教育者的教育容易被学生所接受，效果较好。智慧德育就是要把握德育时机，选择好德育时机是非常重要的。倘若教师缺少机智和策略，就会使得很多德育机会白白浪费，很多生成出来的德育资源白白流失。如果教师缺乏捕捉德育时机的意识和能力，即便出现了德育的时机，也把握不住，更不用说为了开展德育而创造机会了。捕捉最佳的德育时机是教育者德育智慧的重要方面。

把握德育时机要注意学生思想变化的初始条件。学生思想变化的发生都是有一定原因的，并随着客观条件的变化而变化。因此，教育者要大量地收集和掌握学生的有关材料，进行科学系统的分析研究，厘清学生思想变化的原因和初始条件，找出其发展变化的规律性，有效把握学生过去和现在的思想状况，对学生的发展进行预测，引导学生向德育目标要求的方向前进。前面我们提到过，学生的思想品德结构作为一个复杂的系统，是我们尚未认识的“黑箱”。我们可以暂时不考虑学生思想品德系统内部的结构和状态，通过信息的输入和输出来研究其功能和特性，分析其整体功能和动态性规律。教育者将预先设定好的德育信息输入给学生，学生在接收了新的德育信息之后，对原来的思想观念形成冲击，带来思想观念的改变。而思想观念的改变必然会通过学生的语言、行为等表现出来，这对教育者来讲是学生输出的一种信息反馈。教育者要及时记录学生反馈的信息，进行分析、鉴别和比较，建立输入信息和输出信息之间的关系模型，然后通过反复地验证，进行修改和完善，从而实现对学生思想和行为比较准确的把握和引导。

把握教育时机还要注意学生思想变化的“临界点”。德育系统同其他系统一样，其进入复杂混沌状态时，并不是立刻会杂乱无章，只有当某些变量超过临界值时，才会无序可循。这个临界值就是学生思想变化的“临界点”。因此智慧德育要求教育者要善于把握学生思想变化的关节点，一方面要把德育做在前面，尽量使其与德育的目标相一致；另一方面当学生思想的张力超过了“临界点”时，教育者要及时地引导学生进行观念的更新。虽然这会解构学生原有的思想，甚至会使学生原有的思想体系崩塌，但同时也会激发学生建构新思想的活力，往往新的思想就在此刻诞生。所以，教育者要对这个环节进行补救，及时把学生的思想导向既定的德育目标。一句话，既要“防患于未然”，又要“亡羊补牢”。

准确地把握德育时机，要关注以下几点。

（一）学生的兴奋点

当某项活动或某种实践能够引起学生特别关切时，学生们一般会爆发出极大的热情，从而在思想上产生兴奋点。这时教育者如能及时地把握，就能形成良好的德育时机。教育者可以向学生提出诱人的、令人振奋的奋斗目标，使学生们了解德育活动的价值，从而激发其全力以赴参与德育活动的动机。教育者要有意识地设置道德问题情境，使学生的活动动机由潜伏状态转入活跃状态，激发学生探索追求问题答案和结果的积极性。

（二）学生的兴趣点

兴趣是产生动机的主观原因之一，作为一种自觉的动机，必定对德育活动产生积极的影响。当学生对德育活动产生了积极追求的欲望时，内心活动就会十分活跃，这时候就会容易接受外界的影响，这也正是实施德育的有利时机。此外，还可以运用兴趣的迁移，把学生对其他活动的兴趣迁移过来，创造良好的心理氛围，让学生产生参加活动、接受教育的积极性。

（三）学生的利益点

我们要澄清一点，道德与利益并不是格格不入、水火不容的，我们在培养学生思想品德的过程中，不能忽略学生的切身利益。在德育中，必须把学生的利益放在第一位，因为利益中蕴含了社会责任。倘若机械地、单一地将责任或使命强加于学生，必然会增加学生的反感，甚至会适得其反。当涉及学生切身利益的事情发生的时候，往往也是实施德育的有利时机。

（四）学生的荣辱点

智慧德育要求教育者随时随地捕捉学生的思想信息。学生在学校或社会生活中，难免会遇到表扬、奖励等享受荣誉的时候，或是会遇到批评、处分等感到羞辱的时候，这时他们的思想会出现剧烈的波动，产生巨大的变化，这些思想变化对学生的成长至关重要。此时，需要教育者把握时机加以引导。

（五）学生的潮流点

所谓潮流点一方面指社会趋势的变化；另一方面也指青少年某一特定时期追求时髦、时尚的情况。学生的潮流点往往影响学生品德的变化和发展，蕴含着有利的德育时机。把握了学生思想的潮流点，有助于占领引导学生思想发展的制高点，引导学生正确的发展方向。智慧的教育者要把握规律，顺应时代发展的潮流，与时俱进，使学校德育充满时代的气息。

（六）学生的情感点

一般情况下，青少年学生的情感活动十分丰富，在他们的各种情感涌现出来时，对其有针对性地进行教育，也是德育的有利时机。教育者只有尊重和了解学生的情感体验，才能与学生形成共鸣与对话。教育者要进入学生的情感世界，了解学生的情感变化及其发生的过程和原因，理解他们的所思、所想、所为，以情感引领学生形成积极、健康的品德。

（七）学生的求异点

学生具有求异的心理，甚至会产生逆反倾向。无论出于什么原因，求异的倾向都是学生思考判断的结果。从这个角度来看，求异心理是学生的一种积极的思想状态。虽然这种求异的认识和判断不一定正确，但是对于教育者来说的确是有利的德育时机。

（八）学生的特殊点

每个人在人生道路上都会遇到特殊的情况，经历特殊的遭遇。这种特殊遭遇和情况，对于学生来说虽然并不多见，但一旦遇到，在他们思想上引起的震动却是相当大的。教育者抓住这一时机开展德育，必定会收到意想不到的效果。

（九）学生的疑虑点

学生在生活上遇到矛盾或是犯了错误，他们就会疑虑重重，思想上产生较大压力。他们急需找到解脱的办法，渴望得到别人的理解、关心和帮助。教师抓住这个时机对学生进行教育，对学生来说是一种雪中送炭，有时会成为学生思想的转机，使学生思想品德发生变化。

（十）学生的变化点

学生是处在发展变化之中的，包括生理发展、心理发展以及认知发展等方面。学生的变化会有规律地体现在生活中，有经验的教师是能够预料和把握的。如学生青春期的变化，新学期开始时的变化，学校重大活动前后的变化，意外事件的情绪变化等。这些对于教育者来说都是有利的德育时机。

案例：

一日，天气炎热，操场上正举行着一场足球比赛，队员们个个汗流浃背，带来的水全都喝完了，怎么办呢？班主任和学生们十分着急。一旁的小峰见状便一溜烟儿跑开了。班主任随即意识到小峰可能去给大家买水了，便对小峰开始注意。果不其然，中场休息时，小峰热情地递上一瓶瓶矿泉水。这个班终于赢得了这场球赛。

回到教室后，班主任微笑着问："大家觉得在这场球赛中谁的表现最出色?"

大家各抒己见，有的夸选手之间配合默契，有的夸某某进了球，有的夸……班主任始终微笑着。

终于，一位同学站起来大声说："我觉得表现最出色的是小峰，他能主动为队员提供可贵的水!"

班主任立刻不失时机地说："是啊，感谢运动员奋力拼搏，为班级赢得荣誉。另外，也感谢小峰，他是一位十分有爱心的同学，热情为大家服务。大家一定不会忘记，小峰还曾经主动说服父母替同学（因家庭困难而不愿意订牛奶）交了牛奶费。让我们把最热烈的掌声送给小峰，送给我们这团结的集体吧!"顿时教室里掌声四起。

事实上，小峰日常表现并不是很好。他经常违反学校纪律，学习成绩很差。这次恰到好处的表扬，增强了小峰的信心，树立了他在同学中的威信，使他赢得了可贵的自尊，尝到了成功的喜悦，这种愉悦一直辐射到各方面。后来，小峰各方面的表现都进步了。

德育事业是爱的事业，德育艺术是爱的艺术。德育是一项充满情感的活动，不是毫无热情地把道德知识从一个头脑装进另一个头脑。案例中的老师善于把握德育时机，追求"随风潜入夜，润物细无声"的德育境界，达到了四两拨千斤的效果。在德育活动中，教育者必须善于洞悉孩子的一言一行，及时调控自己的教育行为，不要急于求成，把自己的观念强加给学生。每一个孩子的情感、需要、价值观不尽相同，教师应该关注这一点，充分理解学生，让他们都能有尊严。请记住：每一朵花都美丽，每一个孩子都有他的闪光点，以人为本，关爱生命，应成为全体教育者心中的智慧明灯!

三　把握德育情境

智慧德育还表现为，教育者善于把握德育情境，根据不同的德育情境采用不同的德育策略。把握德育情境分为利用和创设两个方面。

首先，教育者要善于利用德育情境。“情境内在地具有着烦难的和不确定的性质，因为这种情境的后果悬而未决；它们走向厄运，也走向好运。”① 德育情境也是如此，它看似常规、平静和稳定，但其背后却藏着易变性、特殊性和不确定性。很多德育情境不是事先预设的，德育情境随着时间推移不断地发生着改变。德育实践必然落实到特定的德育情境中，德育总是与德育情境相关的。因此，智慧的教育者必然要对当下的德育情境具有机敏的感知，并作出恰当地运用。在具体德育实践中，教育者要敏锐地觉察、捕捉德育情境中的细节，抓住情境的特征，并能够认识到情境背后所蕴藏的德育价值，据此采取正确妥当的德育行动。教育者还要对德育情境进行评估和辨别，要明白此情境和其他情境的差异。教育者对德育情境的运用是其智慧水平的重要体现。在对德育情境的利用上，水平高的教师往往能够轻松自如地抓住具体德育情境的本质所在；而水平低的教师却表现出困惑不解。在对德育情境的辨别上，智慧水平高的教师可以对观察到的现象进行组织和整合，并从中发现关键问题和重要线索；而智慧水平低的教师只能过多地描述看到的细节。作为教育者，要关注德育情境的特殊性，善于抓住德育情境中的机会，超越常规德育模式，对学生进行巧妙地引导。面对复杂的德育情境，教育者要有反思的意识和能力，这样，教育者才能形成面对德育情境的敏锐感受能力和灵活应对能力。因此，反思训练对于培养和提升教育者面对德育情境的智慧具有积极作用。“教育的情境通常不允许教师停顿下来进行反思，分析情况，仔细考虑各种可能的选择，决定最佳的行动方案，然后付诸行动。”② 因此，情境反思是一种即时发生的行动，不能脱离德育情境而存在；必须在德育情境之中进行，而“不是从情境中撤出来反思各种办法和行动后果”。③

其次，教育者要善于创设德育情境。道德具有情境性的特征，是在具体情境中产生的。真实的道德情境是学生日常生活中可能遇到的真实场景。教育者要善于创设符合学生身心发展特点的道德情境，在真实的道德

---

① ［美］杜威：《确定性的寻求：关于知行关系的研究》，傅统先译，上海人民出版社 2004 年版，第 224 页。

② ［加］马克斯·范梅南：《教学机智——教育智慧的意蕴》，李树英译，教育科学出版社 2001 年版，第 144 页。

③ ［加］马克斯·范梅南：《教学机智——教育智慧的意蕴》，李树英译，教育科学出版社 2001 年版，第 146 页。

情境中，教育者更能够启发学生的道德智慧。“教师的创造就是去发现学生生命内在的德性潜质，探索这种德性潜质的丰富性与独特性，为之创生各种有利的教育情境，促进其成长。”① 教育者在德育过程中，要根据需要，结合学生自身的特点，恰到好处地创设德育情境，渲染气氛，这样可以将学生带入“引人入胜”的环境中，使学生身临其境，如见其人、如闻其声、如感其情，在心灵深处形成强烈的共鸣与震撼。创设德育情境是提高德育效果的重要手段。苏联教育家马卡连柯说过：“教师通常是不能等待这种情况的自然出现。他必须自己去建立能够唤起学生的必要心理状态、观念、情感、动机，并激发他们行动的外部环境。”② 创设德育情境能够激发学生的参与热情，点燃他们的智慧火花，发挥他们的内在潜能。德育情境的创设要以“境”为基础，通过设置具体的、生动的、典型的情境，拉近德育内容与现实生活的距离，使理论与现实之间达到有机统一。德育情境的创设要以“情”为桥梁，通过情境来激发学生的情感，使学生的内在情感与外在环境发生碰撞，启发学生的道德智慧。德育情境的创设要以学生为主体，强调学生作为具有独立人格和意识的个体参与其中，通过情境参与，帮助学生认识社会、认识他人，深化对自我的认识，自觉提升自我的道德境界。德育情境的创设有以下几个原则：第一，教育者所创设的德育情境必须与德育内容有紧密的联系，有助于学生对德育内容的正确理解，使德育内容具体化、对象化、情境化。第二，教育者在创设德育情境时，要善于从纷繁复杂的现象中，抓住本质的、共通的现象，选择富有代表性的，具有比较完整德育意义的事件，进行集中、概括和提炼，形成一种典型的情境。这种情境来源于实际生活，但又高于实际生活。第三，德育情境的创设要生动、具体、真实，使学生犹如身临其境，在不知不觉中参与进来。教育者创设的情境要与学生的经历相关，能够触发他们记忆之中的相关表象、经验，激起他们的回忆、联想和思考。

案例：

为了培养学生对残疾人的同情，引导学生主动关爱帮助残疾人，王老师设置一个情境，让学生们切身体会残疾人在学习、生活中的困

① 朱小蔓：《当代德育新理论丛书》，人民教育出版社 2005 年版，总序第 6 页。

② 转引自李海柱《“以人为本”的学校管理模式的研究与实践》，华南理工大学出版社 2002 年版，第 172 页。

难，从而激发学生们的道德情感。

首先，让学生们拿起笔在纸上写一句话；再让学生闭上眼睛，在下面写上同样一句话。然后，让学生们对自己写下的话进行比较，谈一谈两次写同一句话时的不同感受。

“两次我都非常认真地写了，睁着眼睛写的字整齐漂亮，可是闭着眼睛写的字歪歪扭扭，大小不一。看来，不用眼睛看着，写字真是困难。”

“我从没有想到，闭着眼睛会把字写成这样。不但把字写得出格了，有的还重叠在一起，甚至还有的根本认不出是什么字。真难想象，眼睛失明的孩子该怎么写作业啊？”

……

通过学生发言，王老师知道学生们已经认识到了盲人在学习中会遇到的困难。为了让学生更加深刻地体验盲人生活中的困难，王老师请了10名学生分别走到教室的各个角落，然后让他们蒙上眼睛，走回自己的座位。被蒙住眼睛的学生很快乱作一团，大家伸出双臂，四处挥舞，摸索前进。有的学生胆子小，小步蹭着前进；有学生开始横冲直撞，有的撞到转椅上，有的和别的同学撞到一起，也变得小心谨慎起来，不敢前行；还有的学生根本迷失了方向，不但没有回到座位，反而离座位越来越远。教室里喧哗声此起彼伏，半天才逐渐安静下来。这时，王老师再次让学生谈谈感受。

“我根本辨不清东南西北，一直在原地打转，照这样下去，根本无法回到座位。”

“我刚才走的时候，不是被桌椅绊到，就是撞上别的同学，还摔了一跤。看来，眼睛看不到了，根本无法走路。”

……

王老师见学生获得了应有的体验，接着不失时机说道：“对于我们普通同学来说，写字和走回自己的座位是再平常不过的事情。可就是这样平常的小事，如果闭着眼睛却会遇到很大的困难，无法顺利完成。大家想一下，盲人的眼睛永远都看不到，他们的生活学习将会是怎么样？”

“他们再也看不到美丽的世界了。”

“他们会找不到家的。”

“看不到，要进行学习太困难了。”

……

看到学生们已经在体验中感受到了残疾人生活和学习的困难，王老师又拿出一封信，说："同学们，这是跟你们同龄的一位双目失明的小朋友的来信，我给大家读一下。"

"大家好！我是一个双目失明的残疾人，从生下来就没有见过世界是什么样子。我多想像你们一样有健康的身体，可以跑，可以跳，可以做很多事情。可是我没有。这不是我的错。当你们嘲笑我，看不起我的时候，你们知道我有多么难过？残疾人也是人啊，也需要尊严，也需要你们的理解和尊重，我也想过和你们一样的正常生活……"

王老师读着的时候，教室里鸦雀无声，学生们都聚精会神地听着，眼睛里流出了泪水。

王老师读完信后，一个同学站起来说："残疾人本来在生活和学习中就遇到了很多困难，已经非常不幸了，居然还有人嘲笑残疾人，真是太不道德了。"还有学生说："让他来我们学校上学吧，我们一起学习，一起玩耍，我们会帮助他，和他成为好朋友。"

两位学生的话赢得了热烈的掌声。

在德育过程中，要想让学生们"行动"，首先要让学生们"心动"，只有让学生们在情感体验中得到内心的触动，德育的效果才能更加深刻。案例中的王老师，通过精心的情境创设，有意识地组织学生扮演日常很少接触的残疾人角色，使学生切身体会残疾人的困难，体验残疾人的态度、情感和感受，并引导学生通过倾听的方式产生移情，从而使学生从内心深处对残疾人产生理解和同情，自然而然形成理解、关心、支持和帮助残疾人的道德愿望和道德责任。这堂课无疑是智慧的，是成功的。

四　注重因材施教

如前所述，智慧德育继承了古代因材施教的思想，因材施教是智慧德育的表现。这里所谓的"材"，指的是学生思想品德的个体差异。因材施教就是要依据学生的思想品德特点有针对性地进行教育。学生思想品德的形成受内外多种因素影响，而且随着这些因素的变化而处于变化发展之中。教育者在德育过程中要善于观察、分析学生的特点，在此基础上，有针对性地实施教育，这样才能充分发挥德育的作用。

首先，充分了解学生思想品德的差异性。这是因材施教的基础。学生的思想品德状况具有很大差异性。智慧德育要求教育者要做好深入细致的调查研究，摸清学生思想品德状况，分析不同学生的思想基础、品德特点，了解学生之间的个体品德差异，对每个学生的情况做到了如指掌，这样才能有针对性地为其量身制定出合适的德育方式和方法。教育者可以通过观察学生的平常表现，与学生沟通，与家长交流等途径，了解学生的具体情况，为有针对性地开展德育活动打下基础。

其次，根据学生的特点采用不同的德育策略。教育者要重视学生的差异，根据学生的特点采取有针对性的德育策略，也就是说德育要从学生实际出发，有的放矢地进行。一般来讲，我们可以把学生大致分为四类：一是胆子大，有主见型。这类学生活泼好动，思维活跃，有较强的指挥欲，有自己的想法。对这样的学生可以让其担任学生干部，同时可以与教师一起建立班级规则，对其进行约束。二是难以驾驭，好动型。这类学生表现活跃，精力旺盛，做事三分钟热度，常坐立不安，精力不够集中，容易开小差。对于这类学生要从改善其行为下手，即当学生表现好的时候，要给予鼓励，以增加该行为出现的频率，减少不良行为的出现。也可以用言语的鼓励，让学生体会到自己被认同。三是胆小，内向型。这类学生不愿与人沟通，容易害羞，行动迟缓。对于这样的学生要给予鼓励和肯定，给予他们更多的爱，走进他们的内心世界，让他们敞开心扉，快乐生活。四是乖巧大众型。这类学生情绪稳定，从众性强，基本上按照教师的要求做事。对此类学生切不可忽视，同样要把握其细微的个性特点来进行有针对性的施教。此类学生大多性格稍显内向，在过激地批评下就会变得沉默不语，把自己封闭起来。因此，应使这类儿童拥有最大的安全感，乐于表达自己的想法。

总之，每个学生都是独一无二的，每个学生也都是可塑之才。智慧的教育者，应坚持个性化的德育原则，要承认学生的差异，尊重学生的个性差异，在此基础上选择适当的德育内容和策略，有的放矢地进行教育，使学生在思想品德全面发展的基础上，形成不同的道德人格。

五　应对偶发事件

在德育过程中，一方面，教育者面对各种偶然意外的突然事件，要迅速地作出判断，进而灵活机智地正确处理；另一方面，教育者要善于利用偶发事件对学生进行教育，提高学生思想品德，把处理偶发事件当成对学生进行教育的一次难得的机会，当作提升教育者德育智慧的一次机会。事实上，教育者对于偶发事件的应对所借助的不是严密的心理机制和系统的逻辑思维，而是靠简捷、跳跃式的直觉思维，这种直觉思维体现了教育者的德育智慧。

（一）对偶发事件的处理

在德育中，偶发事件可能随时会出现，它们多种多样，让人猝不及防。教育者也不可能将德育中所有可能发生的情况都估计到，总是会出现意外。例如，由于学校德育可能会涉及众多学科的知识，因此学生有时会提出一些教师并不熟悉的知识性问题，使教师措手不及。还有学生不遵守课堂纪律，或者想出风头，故意搞出恶作剧，或者向老师提出奇怪的问题，想让老师出洋相。有的则是学生无意识造成的，教室外的偶发事件对学生注意力的吸引等。这一类问题教育者往往事先没有意识到，或者考虑不周全。

面对偶发事件，教育者首先要做到冷静沉着，绝不能“怒火中烧”，情绪激动，大发雷霆。要从检查自己的工作入手，多做自我批评，采取谦让和宽容的态度，尽量消除学生的恐惧心理和对立情绪，消除师生之间的隔阂。其次要保持头脑冷静，善于克制自己的情绪，态度沉着，处变不惊，这样才能够更好地解决问题。教育者面对偶发事件要谨慎细微，不能草草了事，更不能以“这种事情太常见了”为借口掉以轻心，要深入思考、仔细分析事件的前因后果，选择科学的、行之有效的方法妥善处置偶发事件。

当然谨慎不代表着要拖沓。德育中的偶发事件具有突发性，它是在教育者毫无思想准备的情况下发生的，这就要求教育者必须迅速反应，采取适当有效的对策予以处理。教育者越能急中生智，反应敏捷，就越能表现出其机智的应变能力。如果反应迟钝，有时哪怕迟疑片刻，德育秩序就会产生混乱。教育者面对异乎寻常的偶发事件要当机立断，绝不能优柔寡断，否则就会坐失良机。

处理偶发事件要坚持适中原则，把握好度。只有处理得当，不偏不急，学校德育才能“细水长流”，这正是德育智慧性的体现。具体来说，在许多情况下意外事件都是学生出现了违反道德规范的错误，教育者面对这种情况绝不能“得理不饶人”，要“情”字当先，先要注意合情，接下来才是合理、合法。在处理过程中，要适中、弹性，既不能纵容学生，也不能过于苛刻，要基于不同的学生个体和不同的事件情况，采取适度的处理措施，体现出德育的人文情怀。德育是指向人心的，要打开学生的心灵大门，让其充满成长的快乐，教师就必须要有一定的宽容度。但宽容不是纵容，在处理德育事件和冲突时，要宽严适度，寓情于理。

教师除了要灵活、敏捷地应对突发事件外，还要能够对突发事件进行预判，要能根据学生的言语、神态、行为等外部特征，判断出他们内心世界的变化，觉察到那些即将要发生的偶发事件，防患于未然。

案例：

上完体育课，只见学生小张心急火燎地走进了班主任孙老师办公室，还没等孙老师开口，就上气不接下气地说：“孙老师，我放在铅笔盒里的15元钱不见了。”

“别急，再找找，想想可能落在什么地方了？”孙老师安慰说。

“不可能，我已把书包翻了个底朝天，而且桌板里我也看过了，没有。”

“摸摸口袋，看看里面有没有？”孙老师竭力想帮助孩子唤起一丝希望。

“没有！”

听到这两个字，孙老师顿时感到心里沉沉的。15元钱不翼而飞，就预示着班中一件偷窃案的发生。作为班主任，最怕的就是班中出这种“剪不断、理不清”的偷盗事件。

孙老师放下了手中的活，立马当起了“福尔摩斯”。刚才那节是体育课，大部分同学都集中在操场上，只有小玲因生病在教室休息。会是她？不可能，她可是老师们心目中的好学生。可是，这段时间待在教室里的只有她，不是她又会是谁呢？思前想后，小玲的嫌疑最大。很快，孙老师把小玲请进了办公室。

“你看到过小张铅笔盒里的15元钱吗？”孙老师心平气和地问。

“没有，真的没有！”小玲显出一脸的无辜。

“好好想想，看到了吗？”

“没有！”小玲嘴里说出的依旧是这两个字，而且这次态度更加坚决。

看到她回答得那么从容，孙老师真有些怀疑自己的判断了。

这时孙老师突然话锋一转，问道："那你今天带了多少钱呢？"

小玲迟疑了片刻，支支吾吾道："我……今天……"显然，她有些心虚。

孙老师乘虚而入："这样吧，你把钱拿给我看看！"

霎时，小玲的脸涨得通红。孙老师知道此时已攻破了小玲的心理防线，触摸到她心底最柔弱的部分。

孙老师随即又说："没关系，人人都会犯错，告诉老师是怎么回事？"

"老师是我拿的……"小玲哇的一声，泪水止不住地往下流，"我错了，老师我错了，希望你不要告诉我妈妈……"

孙老师摸摸小玲的头，和蔼地说："老师愿意为你守住这个秘密，只要你能改掉……"

事后，班中同学都知道小张的15元钱失而复得，但谁都不知道是小玲拿的。这件事，孙老师连小玲的父母也没告知。她知道，小玲那脾气暴躁的父母一旦知晓这件事，家中必定会掀起一场轩然大波。这样，势必会在孩子的心头蒙上一层不可抹去的阴影。相反，悄悄地给孩子一次改过自新的机会，反而能唤起她心底那一份最基本的道德良知。小玲虽说嘴上不说什么，但孙老师感觉到她对自己心存感激。打那以后，小玲变得更加勤奋，也更加自爱了。

这是德育过程中的一次典型的偶发事件。面对这样的情况，智慧的教育者必须要果断、机智地予以处理。问题发生后，要不隐瞒、不包庇、及时解决，绝不拖到第二天。很多偶发事件之所以处理不当，最主要的原因是沟通得不及时。孙老师显然是一名充满智慧的教师，无论是在事件调查中的"话锋一转"，还是为犯错学生"守住一个秘密"，她都处理得十分得当，体现了其德育智慧。有时候，学生犯了错误，大多数都会后悔，希望得到宽容、谅解。有些学生只要老师拉一拉，或许就能成为好学生。如果稍一不慎，推一推，或不注意方法，就可能毁了一个学生，甚至酿成更为悲惨的结局。记得一位哲学家曾说过一番耐人寻味的话：天空收容每一片云彩，不论其美丑，故天空广阔无比；高山收容每一块岩石，不论其大小，故高山雄伟壮观；大海收容每一朵浪花，不论其清浊，故大海浩瀚无比。哲人之言无疑是对宽容最生动直观的诠释。

（二）将偶发事件转变为德育契机

生活中的偶发事件也具有德育价值，可以说他是另一种德育资源，如果教育者能够很好地抓住契机，注重引导，就会产生意想不到的良好效果。对于偶发事件的德育价值，智慧的教育者绝对不会忽视，他们会抓住偶发事件中的积极因素或难得的教育契机，化不利为有利，对其加以利用，使之成为教育学生的内容和良好时机。

案例：

某小学，美术课的下课时间到了，学生们都在座位上认真收拾自己的文具。这时，坐在前排的男生小强跑到了讲台上，他拿着蜡笔，模仿着老师的样子，在黑板上画了起来。

他的同桌小丽见状大嚷道："不能画！不能画！"

小强停止了画画，转过头，满脸疑惑地看着小丽。

小丽也跑上了讲台，用手边擦黑板边说："在黑板上写字、画画只能用粉笔，用蜡笔是擦不掉的，你看？"

小强刚开始不信，他用小手使劲地擦了起来。可是，蜡笔的痕迹果然擦不掉，他着急得满头大汗。

同学们也都慢慢地围拢过来，大家你一言我一语，开始指责起小强。

小强自知闯了祸，满脸羞愧地低着头，伤心地流出了眼泪。

张老师看到了这一幕，她灵机一动，走上来对大家说："小强用蜡笔在黑板上画了图画，可是擦不掉了，他现在可着急呢。大家赶紧帮着小强想想办法，怎样才能让我们的黑板变干净呢？"

听了张老师的话，现场的气氛马上发生了转变。大家开始由指责小强，变为积极帮他出主意、想办法。

大家提出了很多办法，但都没有成功。这时，小丽不知从哪里找到了一个钢丝球，她说："老师，用这个试试吧。"

张老师拿过钢丝球，在黑板上一试，发现真的把蜡笔痕迹擦掉了。

同学们都欢呼起来，连小强也破涕为笑了。

张老师又继续问道："大家想想，为什么小小的钢丝球有这么大的本事呢？"这一问题，又引发了同学们的进一步思考和探索……

这本是顽皮学生做的一件"坏事"，一件发生在学校的偶发事件。在整个事件中，张老师没有进行简单的批评，而是从解决问题的角度，引导学生相互帮助，积极思考，大胆表述，让学生尝试以自己的方式来探索发现。虽然学生们提出的方法在成人看来简单、幼稚，但对小学生来说，却是其在生活经验上的创造性发挥。学生们体验到了"错误""失败"，也体验到了"友爱"和"成功"，这对于尚处年幼的学生来说，必然是一段宝贵的人生经验。

刚才的案例属于负向偶发事件的类别，与此相对应的还有正向的偶发事件，即给学生带来直接积极影响的事件。在现实生活中，无论正向偶发事件还是负向偶发事件，都蕴含着巨大的德育时机与力量，在处理得当的情况下，都会产生意想不到的效果。所以，智慧的教育者应该敏锐地观察，捕捉偶发事件中的教育因素，通过机智、灵活的应对措施、方式，以优促优、化劣为优，对学生产生积极的影响作用。在面对偶发事件时，教育者要能巧妙地处理，要在巧中见奇，奇中见效。学生们制造的一些事件，有时是出于好奇，有时是出于好胜，很少考虑后果。教育者处理偶发事件不能只是为了息事宁人，必须本着有利于学生身心发展的目的，要把偶发事件看成是一次教育引导学生的契机。在处理过程中，要善于从不良事件中捕捉学生的"闪光点"，善于发现积极因素，善于根据不同学生的心理特征和性格气质，运用适当的德育方式进行巧妙的引导，有理有节地进行处理。要给当事学生一个台阶，一个反躬自省的机会，让学生思想转一个弯后再下坡，不要让其急转弯、下陡坡。等学生一时冲动的情绪或矛盾得以缓解后，再通过正面的教育，促使犯错误的学生提高认识，改正错误，并从中汲取教训。

六　培养道德智慧

培养学生的道德智慧，要求教育者引导学生，围绕德育内容，进行各种形式的自主活动，如认知、判断、选择、体验、探究、实践，在自主活动中建构知识，获得道德智慧的发展。

活动是学生道德智慧发展的途径。德国著名教育家第斯多惠认为，人的发展不能给予人或传播给人。谁要想发展，必须用自己内部的活动和努力来获得。皮亚杰认为，个体的发展是活动的产物。活动包括内部的心智活动和外部的实践活动。前面我们提到过，道德智慧是实践的智慧，必然在实践中才能生成和发展，同时要在实践中运用和展现。各种活动特别是实践活动是促进学生智慧发展的有效途径，在学生各种内部的和外部的活动中，道德智慧得以产生和发展。未成年学生活泼好动、乐于参加各种活动。教育者要根据学生所处年龄阶段的认知规律和行为规律，让学生通过喜闻乐见的自主活动，认识、感悟、体验道德，践行道德，逐步形成道德智慧。

教育者要把自主活动当成培养学生道德智慧的载体，在活动中培养学生面对道德问题时的智慧。在具体活动中，学生要扮演各种角色，通过进入角色的情感世界，体验角色的生命和生活情感。各种道德情境和需要解决的道德问题，能够促进学生道德认识、道德判断、道德移情、道德行为等综合智慧的形成。

学生在生活中，会遇到各种各样的道德事件。通过道德事件，学生才能发现道德问题，并在分析和解决问题的过程中形成道德智慧。通过道德事件，学生才能超越已有道德经验，形成道德智慧，在道德事件中获得成长。

案例：

这是日本东京中野区江古田小学三年级的一堂道德教育课。授课教师是该班的班主任，有着23年教龄的村冈节子老师。

上课铃声一响，村冈老师面带微笑走进教室，向学生们讲了一个小故事：一位名叫正子的小朋友收到一位同学的来信，非常高兴，可邮递员告诉她，信上的邮票不合适，对方少付了80元，需要她来补上。正子补了钱之后不知道该不该把这事告诉寄信的同学。她去问哥哥，哥哥说，应当告诉他少付了邮费，但不必告诉他钱数，让他以后注意就是了；正子又去问妈妈，妈妈说，不要把这事告诉同学，以免伤了他的自尊心。那么，正子到底该怎么办？于是，村冈老师的问题出来了："同学们，如果你是正子，你会怎么做呢？"她在黑板上写了四种意见：A是正子哥哥的意见，告诉寄信的同学，但不告诉他钱数；B是正子妈妈的意见，不把这事告诉同学；C是不仅告诉那位同学少付了邮费，而且告诉他钱数；D是犹豫不决。村冈老师让学生们在这四种意见中选择，于是，学生们纷纷跑上讲台，把写有自己名字的小卡片贴在黑板上。结果，全班27位学生中，选择ABCD的分别有4人、1人、15人和7人。

接下来，村冈老师开始向学生提问：你为什么会这么做。一位选择C的学生说："如果我是正子，我就会告诉那位同学，寄这种信与普通信不同，是需要加钱的，不过这次应加的80元邮费由我来付，你以后注意就是了。"另一位选择"犹豫不决"的学生说："我觉得应当告诉寄信的同学，但不知道这80元邮费是不是让他来付，所以犹豫不决。"

一番讨论之后，村冈老师让学生们第二次表态，学生们又一次跑上讲台，在黑板上重新贴自己的名字。有趣的是，这次"犹豫不决"的反倒比第一次多了7人，竟有14人；而这次选A的只有2人，选B的有2人，选C的减少为9人。村冈老师再次提问。一位原来选C现在却又变得"犹豫不决"的学生说："我决定写信告诉那位同学，可我不知道该怎样把钱数告诉他，如果写在信的开头，那他一看到我的信就会伤心，如果放在最后，他看完信会更伤心，所以我犹豫不决。"一直选B、坚持不告诉寄信同学的学生说："我认为不能告诉他，这样他会很伤心，我不想让好朋友不开心。"可不同意这一观点的学生都说："因为是知心朋友，那位同学会理解的，应当告诉他……"

村冈老师接着问大家："在平常生活中，你们遇到过这类麻烦事吗？"许多学生摇头。"我却遇到过……"村冈老师现身说法，娓娓讲起了她在中学时经历的一件类似的事儿，"当时和正子一样，我也不知道该怎么办，可是现在我知道了。"听完老师讲述的亲身经历，许多学生的脸上露出了可爱的笑容。临下课时，村冈老师对学生们说："今天的课讲的是如何处理友情与信赖的关系，是我们生活中常常遇到的问题，希望大家动脑筋思考……"话音刚落，下课的铃声响了。①

① 袁新文：《日本小学的德育课》，《师道》2003年第1期。

时至今日，我们一直在为提高学校德育的实效性而大伤脑筋。事实上德育低效的一个重要原因就是忽略了通过学生的生活、活动，通过道德情境、道德事件培养学生的道德智慧。许多教育者把道德知识的学习当成了学校德育的全部，其后果就是积累了大量道德知识的学生往往解决道德问题的实际能力却很差。在上述案例中，村冈老师讲的故事贴近学生的生活实际，向学生们展示了德育情境的真实性和复杂性。学生在聆听故事的过程中，自己身处其中，考虑自己应该如何解决这类问题，从而使自身的道德判断能力、道德选择能力等得到发展，道德智慧得到提升。这个案例说明，智慧德育应该是鲜活的，是与学生实际生活、自主活动密切相关的，其宗旨就是培养学生的道德智慧。

第三节　智慧德育的实践境界

苏霍姆林斯基提出：“教育技巧的全部奥秘就在于如何爱护儿童。”① 因此智慧德育的首要一点就是要对学生付出真挚的爱。另外，苏霍姆林斯基还指出：“造成教育青少年困难的最重要原因，在于教育实践在他们面前以赤裸裸的形式进行，而处在这个年龄时期的人，就其本性来说是不愿意感到有人在教育他们的。”② 因此智慧的德育不但要有心，还要不留痕迹。赤裸裸的德育容易造成师生之间的隔阂、冲突，造成学生对教师排斥、抵触。智慧德育应以欣赏的眼光看待学生，用热情的话语鼓励学生，激发学生追求道德智慧的内在原动力，让学生在不知不觉中感受到光明、温暖、清新、纯洁、希望和美好，达到“如沐春风，润物无声”的效果。智慧德育要注重因势利导、顺乎自然，让学生道德人格按照自身固有的规律形成和发展，从而达到有心无痕的境界。

一　成风化雨　以情感人

思维是智慧的核心，但不是智慧的唯一。仅有教育者的德育思维能力并不能构成全部德育的智慧，而必须是德育思维与情感的统一。教育者的思维是伴随其对学生的情感进行的，不存在脱离情感的德育理智。

① 《湖南教育》编辑部：《苏霍姆林斯基教育思想概述》，湖南教育出版社 1983 年版，第 181 页。

② 《苏霍姆林斯基选集》第 4 卷，蔡汀等译，教育科学出版社 2001 年版，第 10 页。

没有了对学生的情感，教育者在思考问题时，就会忽视学生的存在，在此基础上设想的德育方法和技巧是没有根基的，设想得再完美也不会获得实际的成功。智慧德育要情思并用，在德育情感的伴随下进行德育思考。德育中的情感是使德育充满智慧的基础。情感的渗入是德育智慧的重要特征。这里的情感，是指教育者真正的爱，是发自内心对学生的爱，是人道主义的载体。教育者对学生的影响，一种是教育者通过知识和行为影响学生；另一种是教育者通过情感影响学生。德育的使命要求教育者对学生要有深深的爱心，这既是教育者的职业道德要求，也是教育者在德育中取得成功的前提条件。情感不仅是一种态度，更是一种学问和智慧。有了爱的智慧作为基础，德育才能避免沦为匠技。有了爱的智慧作为基础，德育才能发挥出促进学生德性完整和谐发展的神奇力量，才能使学生生命充满色彩。

德育智慧是教育者对学生爱的表现形式。智慧是理性范畴与情感范畴的统一，尤其在德育领域，这一点体现得更加明显。德育情感中蕴含着理性，德育智慧中蕴含着情感。如果没有了理性的约束，教育者的情感可能造成反德育的结果；而没有了情感的伴随，教育者就不可能形成真正的德育智慧，而至多是对环境刺激的一些或深刻或肤浅的反应。智慧德育对爱的要求分为以下几个方面。

关心。关心往往表现为教育者心中总是装着学生，对他们的变化有特别的关怀，这是最基本的，是每个教育者都应该做到的。

理解。理解一般表现为对学生能够充分尊重，并能够准确地了解学生的情感和理性，能站在学生的立场上考虑问题。

影响。影响通常表现为通过教育者自身的外在言行和内在品格来影响学生，使学生按照教育者的期望发生改变。

上述三个方面是层层递进的。关心发乎于内心情感，自然而然；理解是建立在关心的基础之上，需要教育者洞察、同情的能力；影响则是爱的结果，是建立在关心、理解的基础上，需要教育者进一步的智慧行动。德育的核心机制就是影响，爱的最高行动就是对学生进行智慧的引导。

作为教育者，只有用心去观察学生、关爱学生，才能真正地认识学生、了解学生，才能达到预期的德育效果，因此对学生真挚的爱是智慧德育顺利实施的前提。另外，心理学研究也表明，人们在平静、轻松和愉悦时对外部的信息更容易接受，反之则容易产生抵触或反感情绪。情感是人类最复杂的感受，也是人类生活中最重要的一面。一般来讲，学生的情感比较丰富，情绪容易波动，因此智慧德育就要求教育者根据学生的情感变化规律，抓住最能够触动学生，引起学生情感共鸣的教育点。而要做到这一点，教育者必须要投入自己的心血和热情，在德育中对学生多一份关心，多一份理解，多一份体贴，多一份人情味。用自己的真挚情感，来调动起学生的正向情感，从而与学生建立起平等和谐的伙伴关系、朋友关系，使学生在平等和谐的氛围中受到潜移默化的影响。

情感是学生思想品德形成的重要条件和重要因素。在学生品德形成过程中，情与理相互交融在一起。如果对学生只是单纯地理性教育，学生容易产生反感抵触的情绪。因此，智慧德育中要加强对学生的情感投入，用情感陶冶法将情理融合，使德育内容容易被学生所接受，产生良好的德育效果。教师要对学生发自内心的热爱。实践证明，教育者对学生的爱往往成为学生行动的动机，可以推动学生不断前进。学生们为了争得老师的爱，而努力上进，将老师提出的要求转化为实际行动，这样有助于促进学生的道德成长。

情感投入对学生的道德形成具有许多衍生功能。第一，积极的情感投入能够强化学生的活动效能，能够对学生的道德生成形成强大的动力，并能够巩固和改变学生的道德习惯和道德行为。第二，积极的情感投入能够对学生道德认知和道德实践产生调节和控制功能，有助于德育活动的组织实施。第三，积极的情感投入能够把教育者的情感有效地传递给学生，对学生的情感形成重要影响。第四，积极的情感投入能使学生的情感迁移到与他有关的对象之上，提高其对教育者言行的接受性。第五，积极的情感投入能够协调师生之间的关系，有利于师生之间的情感交流，从而保证德育的顺利进行。

总之，德育的原点就是对学生的爱，没有对学生的爱心，就不可能产生真正的德育。爱学生就必须要走进学生的情感世界，就必须把自己当成学生的朋友，去用心感受学生的喜怒哀乐。在德育中，教育者的对象是学生，因此只有充分地理解学生、尊重学生、相信学生，才能让德育真正地深入学生的内心，只有从情感入手，从人性入手，才能达到以理服人、以情感人的目的。智慧德育必须在学生的心灵感动中进行，要如同和煦的春风吹开学生的心扉，又似绵绵细雨滋润学生的心田。

二　诗意晕染　自由灵动

诗人荷尔德林有句诗："人，诗意地栖居在大地上。"人们追求诗意的生活，而诗意的生活是对世界怀有情感和希望的生活，是远离粗陋、鄙夷和愚钝，而追求高雅、精致和智慧的生活，这是人们道德精神的必然境界。道德是指向人们的生活世界，去建构人们完整的生活经验，去解释人们的精神生活，从而使人们的精神和个性得到完满。

智慧德育必须实现诗意的晕染。因为德育的生命、活力和灵魂是诗意的，人们的精神世界是向往诗意的，德育的最高境界也是让学生过上诗意的生活。没有了诗意的德育是单调的、苍白的、令人生厌的。诗意的德育能使学生产生内在的、人文的、精神的体验，使学生达到精神的自由与心灵的和谐，从而使学生生活在诗意的氤氲之中。诗意的德育并不是仅限于知识的掌握、技能的形成和能力的发展，它是师生心灵的沟通和交流，是人生的丰盈和人性的关怀，是生命的自我实现和超越。

在德育中，我们越来越感受到，通过单一、枯燥的讲授方式，即使学生把教师教授的德育内容全部掌握了，也并不意味着就认同了这些道德规范；即便学生们认同了这些道德规范，也不意味就会按照这些道德规范去做。可见，德育不是靠单向注入和空洞说教所能奏效的，这样的德育也必然是缺乏诗意的。智慧德育强调的诗化情怀是每位教育者应有的境界，要在诗意的晕染中，在和谐的氛围中实现德育的目的。在具体的操作中，智慧德育要改变千篇一律的德育模式，用诗意激发学生们的参与兴趣。例如，用诗歌对学生进行教育可以起到借诗言志，借诗育德的良好效果。诗歌形象鲜明，语言优美，意境深刻，在给学生以美的感受的同时，可以启迪学生的思想，陶冶学生的情操，培育积极向上的个性。像"会当凌绝顶，一览众山小"可以激发学生不畏艰辛，勇攀高峰的精神。而辛弃疾《破阵子》和陆游《夜泊水村》等名篇都洋溢着为国献身的爱国主义情怀。还有在学生的价值观教育中，可引用张载的名句"为天地立心，为生民立命，为往圣继绝学，为万世开太平"等。当然诗意的德育绝不仅仅指诗歌教育，它更是一种德育的哲学观，旨在引导学生诗意地欣赏生活，过上诗化的生活，拥有诗化的人生，最终诗意地栖居在大地上。诗意的德育是充满着生命智慧的、自由的德育，它要求学生成为独立的、具有完整人格的主体，具有独立性、自主性、自觉性和能动性。“中国基础教育的根本弊病就在于忽视学生的主动性培养，忽视学生自主意识的培养，学校强调的是统一和服从、规范和秩序，忽视的是多样和创造、灵活和变化。教师、成人在儿童、少年的学习世界和生活世界中基本上是主宰者，学校教育在相当程度上抑制学生多方面生动活泼地发展。”①

智慧德育所倡导的诗化德育，是在德育中激发出学生对道德的向往，其特点不在于直接地教授，而是在于唤醒和引发；其意义不在于外在地呈现，而是在于心中的意会。德育有三个层次，即：授受知识，启迪智慧和润泽生命，这三个层次逐步隐蔽。这样看来，诗化的德育达到了德育的最高层次，它是师生精神的相遇，是人与人精神的契合。它使交往的师生双方走进彼此，用心交流，用心感受，自由展现各自的情感与理性、直觉和思维以及知识和价值，创造道德精神领域的共识和存在。

总之，智慧德育既是一种自由的状态，又是一种幸福的境界，它既关注对生命的超越和对可能性的追求，又关注于学生自由自主的创造性活动。所以智慧德育要在诗意的晕染中恢复学生生命的灵动和放飞的自由，使学生实现当下的完满和不断的超越。

三 寓教于乐 乐学不疲

子曰：“知之者不如好之者，好之者不如乐之者。”② 智慧德育不仅要实现“知之”和“好之”，更要达到“乐之”的境界。只有寓教于乐，在快乐的德育中，才能充分调动起学生的主观能动性，实现乐学不疲，提高学生参与德育活动的积极性。智慧德育应该是快乐的德育，是要让学生们在愉悦的活动中实现道德智慧的发展。寓教于乐是一种独特的德育智慧，它立足学生的天性，激发学生的参与兴趣，让学生在愉快中参与，在参与中快乐，体现教育者的德育智慧。

智慧德育强调德育活动要生动活泼，丰富多彩，要将德育内容寓于故事、活动之中，采用学生喜闻乐见的形式让学生接受德育内容，达到“随风潜入夜，润物细无声”的效果。教育者要克服死板的说教，简单的训斥，他们拥有的不应是一副冷峻严肃的面孔，德育活动更不应是刻板枯

① 转引自李爱玲、彭育东《让学生沐浴生命的光辉》，湖北科学技术出版社 2011 年版，第 22 页。

② 《论语·雍也》。

燥，令人生厌。智慧德育应是形式新颖、语言生动的德育，要达到“含笑谈道德，挥泪诉衷情”的效果。教育者既要谈笑风生，又要妙趣横生，要努力将深刻的人生道理、丰富的道德意蕴，通过各种鲜活的事件加以润泽，通过旁征博引的材料加以诠释，用饱含情感的语言、巧譬善寓的案例，轻松地引入，渐渐地渗透，逐步地深化，从而使学生领悟道德的要求，实现德育的目标。要让学生“乐”学，教育者要做到“乐”教，要激发学生的参与兴趣，调动学生的参与热情，唤醒学生的参与乐感。总之，智慧德育要适应学生身心发展的特点和接受的规律，要深入浅出、寓教于乐，在内容、形式、手段等方面增强对学生的吸引力和感染力。学校德育要有创新、有特色，才能让学生感到新鲜和愉悦，这样学生才能以饱满的激情和满腔的热忱积极投入德育活动中，快乐地接受教育。智慧德育应是一首诗、一幅画、一首动听的歌。

寓教于乐要注意从学生的年龄、文化水平、学习环境以及成长经历等方面来分析其兴趣特点，熟悉不同学生的心理需求和接受事物的方式、程度，把特定的德育内容融汇于学生喜爱的活动中，使学生在体验愉悦中受到启迪和教育。寓教于乐，具体来讲要做到：第一，要准确把握学生的兴趣点。教育者要具体分析不同年龄阶段、性别、教育层次的学生的不同爱好和精神文化需求的侧重点，有针对性地开展多样化的活动，给不同特点的学生提供适宜于自己参与的机会和场所，以突出活动的切适性，增强活动的吸引力。第二，要处理好“教”与“乐”的辩证关系。教而无乐，就不能广泛地引起学生的兴趣；乐而无教则会使德育活动走偏方向，失去应有的意义。正如苏霍姆林斯基所认为的那样，如果孩子的双手为了自己和别人的快乐什么也不去创造的话，那么，你给他们现成的供快乐和享受之用的东西越多，他们对生动而又美好的东西就越是漠不关心。因此，教育者必须对活动进行精心地选择和设计，使德育价值在各种活动中始终起到统领的作用，要对活动的各个阶段给予及时的指导和引导，不能为乐而乐。第三，要正确认识“寓”的特点。“寓”的功效主要在于启迪、感染、陶冶，是一种潜移默化的作用形式，它表现为将德育的内容渗透于各种活动中。寓教于乐不苛求立竿见影的效果、不能人为地要求学生从每项活动中都能够领会或者体悟到什么，而是要达到自然而然、水到渠成的效果。第四，要正确认识“乐”的本质。寓教于乐并不是表面上的轻松、娱乐和欢快，而是学生切身体会到德育所带来的愉悦。例如，学生感受到今天比昨天提高了，就会因为内心的满足而产生愉悦，进而又会有更高的期待，然后再努力实现。这种螺旋式的渐进提高，就形成了精神愉悦的积淀。第五，要正确处理寓教于乐与其他德育形式的关系。寓教于乐只是德育形式的一种，应积极与其他德育形式有机配合、相互补充，要用德育理论、原则和目标来指导寓教于乐活动，通过寓教于乐来传递德育内容，这样才能产生良好的效果。

四 引而不发 助人自助

“君子之教，喻也；道而弗牵，强而弗抑，开而弗达。”[①] “教师的职责现在已越来越少地表现在传递现成的结论，而越来越多地表现在激励学生思考上；教师将越来越成为一位顾问，一位交换意见的参加者，一位帮助发现矛盾点，而不是拿出现成真理的人。他必须集中更多的时间和精力去从事那些有效果的和有创造性的活动，互相影响、讨论、激励、了解、鼓舞。”[②] 由此看出，“引导”是教育者应有的职责，无痕的教育要求教育者要成为德育的引导者而不是传授者或管理者。

引导就是“引而不发，助人自助”，就是教育者要有意识地创设情境来引导学生，让他们充满兴趣地投入德育活动中，但是教育者并不把德育的意图或者结果告诉学生，答案结论要由学生自己去思考，去探究。当然，当学生遇到困惑或者困难时，教育者要及时地对其进行帮助与指导，但这并不是要直接告诉结果，直接解决，而是要启发学生自己想办法去寻找答案，从而实现学生的自我教育和自我建构。引导是教育者通过各种途径激发学生强烈的参与动机和参与热情，成功的引导在于“调动”而不是“强制”。教育者要及时、恰当、巧妙地运用各种策略进行引导，及时疏导。

教育者在对学生的引导过程中，要循循善诱，因势利导，这是教育者德育智慧的重要体现。从德育的目标来讲，当前德育更多的是由教师为学生确定学习的方向、目标，这样学生就会一直处于一种被动的状态。而智慧德育则强调在教师的引导下，通过具体的道德事件或者道德情境，让学生自己提炼出想要解决的道德问题。这是引导的开端，也是学生由被动走向主动的开始。从德育的实施来讲，当前的德育方法主要是教师讲授，学

---

① 《礼记·学记》。

② 联合国教科文组织：《学会生存——世界教育的今天和明天》，教育科学出版社 1996 年版，第 108 页。

生听、记；教师出题，学生练习。学生永远跟在教师的后面走。而智慧德育要求的是教师创设德育情境，引导学生对具体的德育情境自主地进行分析、思考、讨论、交流。教育者还要引导学生广泛地联系生活，引导学生反思。从德育的评价来讲，传统的德育评价、反馈，基本上是教师的专利，学生只有听从和接受评价、裁决的资格。而智慧德育要求教师要引导学生相互评价、自我评价，还可以评价教师。除了上述方面外，教育者还要引导学生在自我激励方面下功夫。传统德育中的激励方式是教育者直接进行的，当然这样的激励不可或缺。但是一味地他人激励会使学生产生为了获得激励而参与的倾向，这种依赖性是我们所反对的。教育者应引导学生产生参与的兴趣，增强参与的信心，享受成功的快乐，提高抗挫折的意志力，增强自我激励的能力。

五　艺术升华　以美达德

美是人类智慧的必然追求，因此艺术美的精深微妙也是智慧德育的应有境界。德育也本无定法，是在无法中有法，入乎规矩，又超出规矩之外。德育的艺术就是要在合乎德育规律中，追求德育的独创性，寓德育于艺术之中，使德育得到升华，通过美育达到德育的目的。

学生具有强烈的爱美求美之心，教育者要善于拨动学生的美感之弦，使学生在德育活动所激发的丰富美感中接受教育。美能给学生带来心灵的震撼，带给学生思维的火花和思想的源泉。学生个体充满生命活力，活泼好动，好奇心强。他们的眼睛可以看到教育者看不到的美好事物，听出教育者听不出的美妙音乐，感触到教育者无法感觉到的优美质感。缺乏美感的涌动，学生的智慧就不能得到充分发展。教育者要通过美的教育丰富学生的道德世界，陶冶学生的道德情操，使学生的精神境界和思想觉悟得到升华，从而使道德境界得到提升。

智慧德育倡导的寓德于美，能够陶冶性情，孕育智慧，是德育的有效手段和途径。“在德育实践中，遵循美的规律，能充分开掘出德育理念、德育内容、德育目标等所具有的美的属性，赋予德育方法、德育手段以美的特征。在按照美的规律与受教育者沟通、交流的德育实践活动中，也能够充分地激活受教育者的情感和心智。”① 因为“美的规律包含着对人的

---

① 王东莉：《德育人文关怀论》，中国社会科学出版社2005年版，第119页。

创造性欲求、创造性活动的充分肯定，……对美的标准追求，也将促使整个德育过程都充分展现出美的创造性特征，展现出人的本质力量对自由和超越境界的创造”[①]。因此，在智慧德育中，教育者要重视美的育德育智功能，要让学生徜徉在艺术美的世界中，体验生命的美好。智慧德育在于晓之以理，更在于动之以情。只有以情达理，情理结合，才能导之以行，实现德育良好的效果。学生的智力正处在发展阶段，他们的感性形象体验往往优于逻辑抽象思维，针对这一特点，我们必须采取合适的德育方式。概念的说教或者讲大道理不容易被学生接受，而如果把道德规范蕴含在具体可感的美的形象中，用美引善，以美诱善，就可以使学生慢慢形成对可贵品质的向往与敬仰，学生的美德便容易形成。

教育者要善于发现美的事物中所蕴含的智慧，这既是其德育智慧的一种表现，也是其提高自身修养的客观要求。从某种程度上讲，德育是一种限制性的教育，体现为对学生不合理欲求和言行的约束和规范，使学生在否定中知晓肯定，在限制中获得自由。这种限制性的德育往往会使学生感到不舒服。因此，智慧德育要注重学生的美感享受，使学生在美的欣赏过程中实现人格的升华，从而产生愉悦的感受，使学生在愉悦中接受限制，这样不仅便于学生对道德规范的接受，而且能使学生对道德规范产生亲和感，使学生乐享道德。

美的事物和现象是形象的，通过形象，学生才能感受到美，德育之美也是如此。在德育中，教育者要通过德育内容强烈的感染力，唤起学生的美感。因此，德育内容的选择既要围绕着德育的目的，符合学生的个性，还要具有强烈的情绪感染力，能使学生身临其境，心灵得到震撼。这样学生才能真正得到熏陶、启迪和感化。在这里要注意，教育者人格的感染力是唤起学生德育美感的关键。一般来讲，教师的人格越高尚，他的人格感染力就越强，德育效果也就越好。

总之，智慧德育既要讲究科学，又要讲究艺术、讲究美，充分发挥学生爱美的天性，把德育寓于学生对美的向往中，做到艺术升华，以美达德，以美育慧。

---

① 王东莉：《德育人文关怀论》，中国社会科学出版社2005年版，第120页。

第四节　智慧德育实施的关键

智慧德育要求教师有德育智慧，智慧型教师是实施智慧德育的关键。

一　智慧型教师是智慧德育实施的关键

教师是学校教育的灵魂，无论何种教育类型、教育模式、教育理念，教师都是其顺利实施的关键要素。当前，如火如荼的教育变革使传统的教师角色发生了巨大的变化，教师的智慧、魄力、魅力以及思想境界在教育活动中的作用愈加重要。在智慧德育中，教师不能是缺乏思想的教书匠，必须是具有智慧的教育家。智慧德育实施的关键就是智慧型教师。智慧型教师作为智慧德育中最核心的构成要素，是智慧德育有效开展，培养学生道德智慧的关键。只有智慧的教师才能培养出智慧的学生。

智慧型教师是通过自身德育智慧使学生的道德智慧得到提升的人，在智慧德育中发挥着主导作用。首先，在德育活动中，一般来讲教师知之较多，知之在先；而学生是知之较少，知之在后，在各个方面发展都不成熟。因此，只有经过教师有计划、有组织、有步骤的引导，才能使学生德性得到全面和谐地发展。而这有赖于教师智慧作用的发挥。其次，在德育活动中，教师是组织者和设计者，德育活动的设计、内容的安排、德育形式和方法的选择，都要由教师根据学生的实际情况来确定，而这些没有教师智慧的发挥，是不可能完成的。最后，在德育中，每个德育环节都是极其复杂的，只有智慧型教师才能有效应对德育活动的复杂性，才能通过丰富多样的德育活动提高学生的道德智慧水平。

另外，教师的智慧品格对学生的智慧品格形成具有引领作用。苏霍姆林斯基指出："能力只能由能力来培养，志向只能由志向来培养，才干也只能由才干来培养。"① 从本质上说，德育过程是教师和学生之间的情感交流过程。在这个过程中，学生的"向师性"特别明显，他们常常把教师当成自己效仿的楷模，教师的智慧、思想、品格，处事方式、言行举止都会引起学生的欣慕和向往，教师的形象在学生心目中具有深刻的审美陶

---

① ［苏］苏霍姆林斯基：《给教师的一百条建议》，周蕖、王义高等译，天津人民出版社1981年版，第162页。

冶和感染力量。在德育活动中，教师是学生最接近的效仿对象。学生对教师不仅听其言，而且观其行，教师对学生的影响最为直接，不仅影响学生的现在，甚至影响学生的未来。因此，要想培养学生的道德智慧，教师自身必须要有高水平的道德智慧。教师在日常生活和教学中所体现出的智慧人格，潜移默化地影响着学生。学生通过效仿、体悟、思考，最终内化成为自己的智慧品格。

二 德育语境下智慧型教师的素养

每一个智慧的教师都是一个内心有着激情，有理想、有诗意的教师。在智慧德育的探险路上，教师无疑是整个队伍的向导，因此其有责任、有义务引领学生在合适和正确的道路上前行，但这并不意味着教师能先知先觉不犯错误。在追寻智慧的路上，教师会随时面临着不断的变化和随时发生的各种情况，会遇到各种矛盾冲突和不确定因素。这就要求智慧型教师不仅要拥有特殊的素养和人格，还要具备机智，而这些都是构成教师智慧的要素。

（一）智慧型教师应具备的能力

1. 敏锐的观察能力。敏锐的观察能力是指教师善于从学生日常偶然、细微的表现中发现学生的性格特点或者捕捉其思想动态的能力。对于一名具有敏锐观察力的教师来说，学生的欢乐、兴奋、惊奇、疑虑、恐惧、窘迫等以及其他心理活动的最细微表现，都逃不过他的眼睛。教师敏锐的观察力表现在观察人或事物时细致而深入，全面而客观。具有敏锐观察力的教师不仅善于洞察学生，而且还能较为客观地、全面地观察自己、评价自己的优势和不足，及时发现德育中的得失，更好地实施德育。

2. 准确的判断能力。准确的判断能力是指教师对德育的现象或问题的属性、缘由、后果等有一个正确的判断。教师只有做到判断准确，符合客观实际情况，才能够采取恰当的方式来处理问题，从而使问题得到妥善解决。这样，教师的教育行为才能有效控制德育现场的状况，调节学生们的情绪，避免引起学生的反感，消除教师与学生之间的隔阂，增强德育实际效果。因此，智慧型教师必然有准确的判断力。

3. 迅速的反应能力。迅速的反应能力是指教师对所观察到的事物、现象或者遇到的突发意外情况能够迅速地回应。反应能力的强弱与教师的智慧水平紧密相关。智慧型教师必然有着迅速的反应力。德育是一个不断发展变化的过程，如果教师对这个过程中遇到的新问题、新情况或者种种新变化反应迟钝，甚至思维呆滞，必然会影响整个德育的进程，使学生对教师的认可度、信任度降低。

4. 良好的应变能力。良好的应变能力是指教师对德育中的变化作出的有效反应及应对能力。德育是一种处于不断发展变化中的实践活动，不同的时间、不同的地点、不同的学生，发生的问题往往也不同，很难有解决问题的固定模式、标准方法可以遵循。这就要求教师要随机应变，依据不同的情况作出恰如其分的处理。

5. 与学生沟通的能力。教师的沟通能力是指教师与学生交流融通的能力。德育过程是教师教和学生学的双向沟通过程，如果教师不能与学生沟通，做不到心灵相通，必然达不到理想的效果。教师通过课上、课下与学生交流互动，在了解学生的同时，也让学生了解了自己的意图，双方和谐相处，形成了“水乳交融”的情感循环，营造融洽的德育氛围，才能使德育达到应有的效果。

6. 捕捉德育时机的能力。凡事都要讲时机，德育也是如此。德育时机看似客观存在，但却需要教师根据经验、修养和能力去把握。时机就是矛盾点，抓住了矛盾点，才能有力地推进德育的进程，收到满意的效果。对于德育时机，教师不能等待，不能指望时机自己“找上门来”，而是要用心去捕捉，费心去分析，专心去“制造”，细心去利用。

7. “对症下药”的能力。教师能够根据具体的情况和原因，从学生的实际出发，有的放矢地采取灵活多样的德育方法。对学生进行教育就如同看病一样，不管什么病情都开一个处方，不但治不好，反而有可能会贻误病情。因此，要“对症下药”。对待学生出现的问题，要分清情况，分析原因，考虑每个学生的特点，采取不同的措施。要在最短的时间内，对事件进行周密的调查分析，作出科学的判断，弄清楚症结所在，才能更有效地解决问题。

8. 因势利导的能力。“因势”就是根据事物的发展状态及趋势，“利导”就是向有利的方向引导。① 因势利导要求教师要善于设疑和诱发，引导学生独立思考。智慧型教师要善于根据学生思想、言论、行为等所体现出的思想品德发展趋势对学生进行循循善诱式的引导，把学生的思想和行

① 范树成：《当代学校德育范式转换与走向研究》，人民出版社 2011 年版，第 387 页。

为引向正确的方向，促进学生思想品德的转化与发展。

9. 把握教育分寸的能力。在德育中，教师要注意德育的合理性，力求行为适度，行为得体，方式适宜，恰到好处。首先，在与学生交流的过程中，教师要分析中肯，判断恰当，结论合理，这样才能让学生心服口服；其次，教师对学生的要求要恰当，既不能过低，也不能过高，是学生经过努力能够达到的。

10. 源源不断的创造能力。在现实的德育中，无论是课堂讨论还是课下交流，无论是创设德育情境还是组织实践活动，都需要教师别具匠心的安排和实施。要避免德育枯燥、令人生厌，最重要的是要让其充满生机与活力，这就需要教师的创造能力。在德育中，只有教师灵动地发挥自己的创造力，不断向自己已有的智慧、人格和能力发出挑战，才能使德育生机盎然。

（二）智慧型教师应具备的境界

1. 智慧型教师的人格境界

智慧型教师的人格应是一种美好的、向善的、具有建设性的品质，蕴含着博学、理性和创造性的特质。具体来讲，教师要具有广博的文化修养，只有积累了广博的文化知识，才能在德育实践中增强自觉性，减少盲目性，具有预见性，才能满足兴趣广泛、求知迫切、想象丰富、渴望探索的学生的求知欲望，才能获得学生的信赖。另外，学校德育是一项具有创造性的活动，教师要在理性的支配下，解放思想，开拓创新，不囿于旧说，不墨守陈规，才能使德育产生突破性地进展。教师作为德育活动的关键因素，要不断提高自己的业务水平，要坚持学习，勇于创新，严谨求实，谦虚刻苦，致力于形成一种与时俱进、专博相济，富有活力的道德知识结构，建立开放的知识体系，提升自己的智慧人格。

另外，教师的人格境界还表现为教师的一种角色伦理责任，它反映的是教师在德育实践中的一种道德自我要求，是促进学生健康和谐发展的一种发自内心的主观奉献，是建立在师生道德关系上的责任感和敬业感。智慧型教师的人格在情感上是无私的，在胸怀上是宽广的，在思想上是高尚的，在工作要求上是无止境的。在智慧德育中，教师的人格境界发挥着特殊的作用。

2. 智慧型教师的道德境界

欲培养学生高尚的道德情操，成为学生的精神向导，教师首先自己要有高尚的道德境界。教师在学生心目中是一个不平凡的角色，往往是至真、至善、至美的化身。教师日常的言行举止是其道德境界的外在体现，学生恰恰是在日常生活中接受着教师言行潜移默化地熏陶。教师作为德育活动人格化的承担者，其承担的特殊角色及其职责充满着德性的光芒，他们在传道、授业、解惑中释放着伦理价值和人文关怀，以此来启迪学生的心智，提高他们的道德智慧水平。因此，教师的道德修养对学生的心灵成长具有最为广泛、最为持久而深刻的影响力。也就是说，智慧德育要挖掘、培养和开启学生的道德智慧，而道德智慧的培养要靠教师来完成，因此教师首先要做一个重道德、有道德的人。“只有持敬畏、谦让、认同、接纳和发扬的态度，无论是传统的，还是现代的，甚或是西方的道德智慧和道德传统，德育的内涵及功效才可以历久弥新，教师才可以有资格以满溢之水渗润、启迪学生的心灵，进而使芸芸众生彰显其向善之心、向美之愿。”①

教师道德修养的形成是一个长期的过程，不能毕其功于一役。智慧型教师在提升自身道德修养的过程中应注意日积月累，在平凡的岗位上积小善而成大德。一方面做到防微杜渐，要在一言一行中克服自身的缺点和不足。另一方面注重积累，要有持之以恒的顽强意志，在道德修养上不断提高，不断进步，在日常教育生活中，广积众善，提升自我。在德育过程中教师难免存在各种各样的不足，因此智慧型教师要能够客观地剖析自己，充分认识到自己的不足，正确地认识自己，这样做对提高自身道德修养的境界具有重要意义。智慧型教师要善于听取别人对自己的意见，从他人的评价中看到自己的形象，作为自我分析和评价的基础。智慧型教师要善于自我评价，要制定自我道德修养目标，并以此来检查自己的道德修养，发现与自我期望之间的差距，找准努力的方向。

3. 智慧型教师的精神境界

学校德育关照学生的精神和灵魂，以培养学生的道德智慧为目的。这首先就要求从事德育工作的教师必须要关注灵魂，不断提升自己的精神境界。教师只有热爱教育、热爱学生，追求智慧和有意义的人生，才会获得快乐和幸福的职业生涯。

自由是人的本性之一，若人类缺少了自由，就会向异化的方向发展，

① 张一笑：《智慧教育》，山西经济出版社 2007 年版，第 46 页。

失去人之为人的“灵性”，而沦为会说话的工具。“自由对于人生的可贵之处不仅在于它是人作为人而存在的必要条件，而且也是人作为一种智慧生物存在的必要条件，是人的智慧或真理得以不断生成和发展的必要条件。”① 自由和智慧是相依相存的，自由是生成智慧的前提，而智慧的生成则让人更加自由。智慧型教师把自由当成应有的精神追求。在教育生活中，教师总是在经验中或通过经验的反思不断地成长。而如果这种经验不是通过自由获得的，那么自然不会生成教师的智慧。因此，智慧型教师必须要有自由的精神。智慧型教师能够自觉抵制功名利禄的诱惑，不受外物威逼利诱，实现不以物喜、不以己悲的自由境界，形成自由的人格、独立的思想、民主的意识和开放的状态。在教育生活中，智慧型教师不仅关注教学策略、方法与技能，更努力去追寻至善人格、人文精神和良知伦理，实现德性“无用之用”的大用，从而体会精神满足的幸福与美妙，真正进入自由、通达的境界。

信仰是人们对生活的一种态度，是对生活意义的一种追求。人若没了信仰，自然也就失去了对生活的热情和追求，就不能充分发挥在生活中的创造性和主动性。在德育过程中，教师不可避免地会遇到很多困难，对这些困难的克服必须要有坚定的信念作为支撑，才会使自己的教育生活境界得到提升。这里的信仰不是指宗教信仰，而是一种幸福信仰，其价值在于给教师教育生活实践以终极意义和价值引领。雅思贝尔斯指出：“一个人自身能够成为什么样的人，这一点作为状况，取决于他在生命旅程中所遭遇到的他人，以及召唤着他的种种可能的信念。”② 在幸福信仰的观照与引领下，智慧型教师不仅能把与他发生关联的教育生活世界看成是有意义的生活世界，更能把自身的存在看成是有意义的，不仅是理性思维中的工具意义，更是目的意义和存在意义。智慧型教师从道德本身和教育生活中体悟到愉悦与幸福，超越现实生活的宰制而不断走向可能生活，实现自身实然到应然的飞跃。

教师精神境界的提升不仅需要信仰的引领，更需要生活方式的优化，实现由自在、被动性生存向自为、创造性生存的转变。如果没有了信仰，教师的教育生活就会变得枯燥乏味，而沦为机械化的常规生活。当教师对

① 石中英：《教育哲学导论》，北京师范大学出版社 2004 年版，第 243 页。

② ［德］雅思贝尔斯：《时代的精神状况》，王德峰译，上海文艺出版社 2003 年版，第 24 页。

教育生活感到单调、烦琐时，说明其已经陷入了既定的生活模式中，成为单调的重复和简单的循环，失去了信仰，失去了自由自觉的生命特征。智慧型教师放眼长远，立足全局，能够协调好日常和非日常、我为和为我、自在和自为等生活矛盾的转化，去努力实现属于自己的可能生活。美国教育家帕尔默指出："通观我们所有的生活，我们都面临调和对立或矛盾的任务，但是从合乎逻辑的思想来看，这些对立和矛盾又是不可调和的。"① 他进一步指出，要调和这种对立和矛盾，就需要"带入一种更高层次的、超越了对立的力量……如此，有分歧的问题促使我们自己努力提升到高于我们自己的层次；它们既要求又激发来自更高境界的力量，从而就给我们生活中带来了爱、美、善、真。就是因为有这些更高层次的力量，对立的事物才能在我们的生活环境中得以调和"②。通过对可能生活的建构和现实生活境界的提升，教师的教育生活从异化状态逐渐恢复到本真状态，教师在现实生活中的生存矛盾和生存困境得以调和和化解，生活方式得到优化。

三　德育语境下智慧型教师的塑造

对智慧型教师的重要性和素养进行了整体把握之后，紧接着的问题就是如何塑造智慧型教师，这是一个重要而复杂的问题。每位教师都有不同的智慧特点，这决定了智慧型教师的塑造并没有一套固定不变的方法，但是无论情况多么复杂，智慧型教师的成长都有一个基本的参考框架。

（一）更新理念

先进的德育理念是智慧型教师不断提升的前提。在德育中，教师要不断更新德育理念，以适应德育的新要求。德育观念的更新可以使教师的智慧不断地生成和发展，使教师拥有光辉绚丽的教育人生，形成独特的德育风格。

智慧型的教师必须转变传统的德育观念。传统德育理论在某些方面的狭隘性和局限性束缚了教师的理论视野，其高度的技术趋向限制了教师创造性的发挥，阻碍了教师德育智慧的生成和发展。教师理念的更新必须摆脱传统德育理论的窠臼，对于德育的规律进行重新认识与把握。任何事物

---

① ［美］帕克·帕尔默：《教学勇气：漫步教师心灵》，吴国珍译，华东师范大学出版社2005年版，第85页。

② ［美］帕克·帕尔默：《教学勇气：漫步教师心灵》，吴国珍译，华东师范大学出版社2005年版，第85页。

的运动发展都有其自身的规律，只有准确认识和把握了这个规律，人们的实践才能达到预期的结果。正如毛泽东同志所说："不论做什么事，不懂得那件事的情形，它的性质，它和它以外的事情的关联，就不知道那件事的规律，就不知道如何去做，就不能做好那件事。"① 在上面的论述中我们提到过，智慧的两个要素就是"是什么"和"怎么做"，就是说只有知道了事物的客观情况，我们才能采取明智的做法，这是智慧本身最基本、最朴素的逻辑关系。由此看来，教师智慧的生成也必然要遵循这一逻辑关系，即要在认清德育本质、规律、价值和特点基础上，采用灵活多样的德育方式、方法，创新德育方式、方法，这样才能提高自己的德育智慧水平。

教师要做到智慧的提升、理念的创新，系统的理论学习是必要的。只有通过不断的学习，才能对道德发展规律和德育规律有更加科学的认识，并以此为指导，开展德育实践。在德育实践过程中，教师不免会遇到各种困惑与迷茫，只有将实践中反映出来的问题，上升到理论层面加以认识，教师的智慧水平才能得到提高。这是一个漫长的和持续的学习过程。教师通过系统的理论学习，新的观念开始形成，然后再经过反思、评价、组织和个性化等几个阶段，新的观念由不稳定达到稳定。当今时代，每个人都是终身学习者，教师更要首先树立终身学习的理念，这是教师智慧生成的源泉。在智慧德育中，教师不仅要进入终身学习者的角色，并且要以这种角色进入德育过程。教师的职业特点就是你一旦停止成长，那么你的教育使命也将停止。终身学习为人的生命完善提供了途径。教师必须要通过个体终身学习，不断地将外在知识内化为个人的认识，实现教师生命的完善。学习的本质是一个观念更新的过程，是不断在实践中升华的过程。追求完善是一个人主体性不断增强，人的本质和生命境遇不断拓展的过程。终身学习能力是人本质的、内在的主体能力，是人的生命力和能力素质的内在根基。教师作为学习者的意义在于：教师是自己专业成长的主人，他们最了解自己面临的德育情境，了解德育的困境与问题。当今时代日新月异，各个领域都在不断地发生着令人惊异的变化，这客观要求教师要不断更新自己的知识体系和思维方式，因此教师必须既当老师又当学生。古希腊最伟大的智者苏格拉底曾经说过，"我唯一知道的就是自己一无所知"。

① 《毛泽东选集》第1卷，人民出版社1991年版，第155页。

这句话并不是意味着知识是高不可攀的，而是意味着教师要对知识和真理进行不断地追寻。智慧的教师要以开放的心态放眼世界，追求真理，永不停息。

（二）深入实践

“智慧和机智是我们通过教学的实践——不仅仅是教学本身，所获得的。”① 在德育活动中，最需要的就是解决德育问题的智慧，而这在很多时候无法从外部获得，需要教师在长期德育实践的“摸爬滚打”中逐渐感悟和积累。这种“摸爬滚打”出来的感悟和经验就是教师最为珍贵的德育智慧。作为一名追求智慧的教师，必须注重实践的积累，要坚持在实践中不断地研究与探索，随时注意敏感地捕捉和科学地确认德育活动中的各种问题，在特定场景中探索解决问题的方法，不断丰富实践经验，从而提高育人能力。智慧来源于实践，高水平的理论成果来自实践，智慧型教师也是在德育实践中逐渐形成的。离开了实践，教师最多只能说是掌握了德育的理论知识，而不能说其已经形成德育思想，更谈不上形成德育智慧。实践出真知，实践出智慧。每一名教师都要在德育实践中去感悟、去思考、去体验、去获得智慧。对任何活动的规律性认识最终只能来自该项活动的实践，而在任何实践活动的过程中也必然会逐步产生对该项活动的规律性认识。就此而言，在德育中，教育者的实践既是促进学生思想品德发展的实践过程，也是形成自己德育智慧的过程。教育者要把自己所掌握的知识充分地运用到德育实践中，要将德育理论与德育实践有机结合起来，不断用理论指导实践，再把实践上升到理论的高度。同时，教师还要善于总结，把从各种德育实践中获得的经验、技巧等转变成自身智慧结构的组成部分，这样才能使自身智慧水平不断得到提高。

教师在深入实践的过程中还要做到以下几点：第一，检验成功经验是否与德育本质相悖。在德育实践中，教育者所谓成功的实践经验，往往是基于问题得到解决而得出的。然而，由于德育的特殊性质，那些得到解决的问题，有些是符合德育本质要求的“真解决”，有些却是违背德育本质的“假解决”。例如，一些问题在德育中暂时得到解决，而一

① ［加］马克斯·范梅南：《教学机智——教育智慧的意蕴》，李树英译，教育科学出版社 2001 年版，第 274 页。

旦德育措施停止，这些问题便会“沉渣泛起”，甚至“变本加厉”。还有一些问题的解决举措，是由于教师的高压或者变相讨好学生所致，违反了德育的宗旨。显然，这些违反德育本质的“假解决”，不应作为实践的成功经验。教师应该将实践中获得的经验放到德育本质的视野加以检验，既需要在实践中总结、提炼和分享，也需要相应判断能力的提升。第二，分析有效方法是否标本兼治。在德育实践中，有许多方法对解决德育问题能起到一定的积极作用。但是，这些积极作用又分为“治标”的作用和“治本”的作用。当然，只要不是违反德育的本质，实践中的解决方法无论是“治标”还是“治本”，都有其存在的价值。但是教师必须要分析某种解决问题方法的作用属性，以避免属性模糊而导致其视野受限。分析方法是“治标”还是“治本”，可以帮助教师在今后的德育实践中，将其研究的目标、关注的目标由对“治标”的追求转向对“治本”的追求。第三，将“成功经验”灵活运用于新的对象与情境中。教师往往都有成功解决德育问题的经验，在完成了对“成功经验”的分析后，教师应将“成功经验”及时进行分享，在运用这些经验时要注意其适应性。教师要注意，任何德育经验都是基于特定的德育对象，都是在特定的德育情境下的成功，因此在经验移植时不要盲目照搬。这就要求教师对已有经验做合对象、合情境的改造。这本身就是一种再创造，只有这样才能使德育实践具备开放性、生成性，使德育本身充满旺盛的生命力。第四，“成功经验”的理论升华。教师在德育实践中，所形成的解决问题的经验或方法大部分还停留在感性的认知层面。然而仅仅停留于此是不够的，它尚不能够形成完整的理论，并对今后的德育实践进行有效指导。因此，教师要将所形成的“经验”和“方法”进行总结，并努力建立“经验”“方法”与现有德育理论的联系，使之由感性认识上升到理性认识，从而使教师的智慧水平得到提升，为“经验”和“方法”指导今后的德育实践扫除障碍。

（三）不断反思

波斯纳提出一个著名的公式：经验+反思=成长。从这个公式看出，智慧型教师的成长离不开自身的反思。反思不但联结着教师德育经验、德育理论与德育实践的关系，促进教师对德育情境的感知、辨识和理解，而且也使教师对自身的价值、信念进行重新建构，影响着教师德育智慧的价值取向。霍尔和麦克恩提在 1999 年发表的一篇文章就以“反思是实践的核心”为题，认为对日常教学经历的反思是教学实践的生命力所在。①

教师的德育反思体现了自我成长的愿望、需要，是其智慧水平不断提高的内在因素。反思强调批判与发展的自觉性和深刻性。通过反思，教师对自己的德育观念和行为进行客观的、理性的认识和评价，并进行有效的调节，可以使教师德育过程中随意的、被动的行为变得更为理智和主动。反思倡导教师要形成较强的问题意识，要能够在德育中保持一份敏感和探索的习惯，了解自己行为的意义和作用，在反思中寻找问题，开展研究。另外，反思是自主开展的，这就使教师在德育中具有了更加强烈的自主发展意识，更清楚地了解自己的角色和行动，从而积极创造具有个性特点的德育风格，促进德育智慧的有效成长。教师反思过程实际上是教师查阅自己的思维能力，是一种创造能力在教育实践中的体现。“具体对教师而言，进行教学反思主要是指教师以自己的教学活动过程为思考对象，对自己所作出的某种教学行为、决策以及由此所产生的结果进行审视和分析的活动，这也是一种通过提高教师自我觉察水平来促进教学监控能力发展，提升教师专业素质的重要手段和途径。”②

教师的德育智慧是教师在长期的德育实践中，不断反思、探究、创造的结果。智慧型教师的标志之一就是不但拥有丰富的知识，而且能运用所学的知识来解决实际问题。通过对德育过程的反思，教师的德育智慧得到进一步发展。首先，德育行动前的反思。对德育行动前的反思，是教师基于德育情境具有重复性的特点而对以往德育状况的回想，从而使自身对各种可能性作详细的了解，计划所应该做的准备。通过行动前的反思，教师可以对行动结果产生某种预期，并形成一定的德育策略，有利于教师做好准备，对各种可能出现的情况，心里有数，有备无患。其次，德育行动中的反思。德育情境具有不确定性，德育行动中的反思可以产生使情境和问题相协调的方略，使教师面对不断变化的情境及时地采取适宜的行动。德育行动中的反思可以使教师迅速发现问题的因果关系，从而采取恰当的行动，把突发的危害性事件转化为德育中的积极因素。通过德育中的反思，使教师生成现场的德育机智。最后，德育行动后的反思。在德育活动完成

---

① Hole, S. & McEntee, G.: *Reflection is at the heart of practice*, Educational Leadershiip 1999, p. 56.

② 刘海生：《教师幸福论》，吉林大学出版社 2009 年版，第 171 页。

后，反思有助于教师深刻理解德育事件的深层意义，使教师能够意识到德育过程中自己的成功与不足，进一步积累经验、吸取教训，使实践经验得到积累，为日后的扬长避短做好准备。在不断反思中，教师在德育实践中的一些不良表现会逐步减少，教师还会在德育中对自己的德育行为进行及时有效的监督和调控，这些都是智慧型教师成长的重要方面。

结　语

德育从原始社会时期的朴素形式开始，经过智性、神性、知性阶段的发展，如今进入智慧德育的时代。这个过程是与人类社会自我演进过程相一致的，是社会发展和德育自身发展规律使然。本书在剖析德育本质、理解智慧内含与价值的基础上，围绕着教育者的德育智慧、德育中的智慧和培育学生道德智慧等几个方面，探讨了智慧德育这一理念和实践范式。

一　通过本书研究，大致可以得出以下两个维度的结论

（一）学校德育的实然审视：缺乏智慧

纵观本书的研究与论证，我们明白无论是从社会的发展、人自身的发展还是德育的本质属性来讲，学校德育都离不开智慧的浸润、滋养与关照。然而，用对德育的这种理想追求来审视我们的德育现实，德育仍存在乏智现象。

改革开放以来我国的社会经济飞速发展，然而一些人的道德精神却陷入了空前的危机，知行不一、言行不一的现象层出不穷。很多人沉迷于物质追求而放逐了精神，他们的灵魂失去了家园，没有了归宿。一言蔽之，一些人有着太多的小聪明，却没有大智慧。

而面对道德领域存在的问题，被人们寄予厚望的学校德育并没有独善其身，充分发挥其应有的作用。在工具性、功利性、简单化等思潮的裹挟下，德育从某种意义上成为知识和技术的“侍仆”。用黑格尔的话说就是“忙碌于现实，驰骛于外界”。德育成了一种单纯的知识传授过程，忽视了学生道德智慧的开发和培养，忽视了学生道德品格的形成。单一、僵化、枯燥的德育模式使德育失去活力和魅力，招致学生的厌烦。德育脱离学生生活实际，缺乏对学生的人文关怀和对学生精神世界的关照。在这样

的德育生态中，学生的主体性被抹杀，价值追求被遮蔽，道德智慧被忽视。

（二）学校德育的应然选择：智慧德育

所幸当前德育的不尽如人意之处已经引起了有志之士的担忧，人们开始反思和批判当代德育因智慧品性失落而造成的低效，回归智慧、释放德育智慧品性的呼声逐渐高涨起来。本书在总结前人理论、反思德育现实的基础上提出了智慧德育，以期对我们的德育事业尽一份微薄之力。

首先，智慧德育是为了智慧的德育。从目标讲，智慧德育的出发点和归宿都是为了学生道德智慧的生成与发展。智慧德育要求还原德育的本质，使学校德育重心从道德知识的传授转移到道德智慧的培养上来，做到德智结合，转识成智，知行合一。智慧德育要求教育者要围绕师生智慧（学生的道德智慧、教师的德育智慧）的生成，以智慧作为学校德育的价值导向，按照智慧的理念重新思考德育目标，以此统领学校的整个德育。

其次，德育要智慧地进行。教育者要发挥自己的德育智慧，机智、灵活地开展德育活动。要突出德育过程的动态性和开放性，做到因材施教、随机应变。教育者要善于观察德育情境的细微变化，巧妙地利用偶然发生的事件，机敏果断地采取恰当的措施，创设新的德育情境，使德育活动更加生动、有效，充满活力与魅力。智慧德育要求德育制度、德育内容和德育方法都要进行调整，要形成智慧的学校、智慧的教师和智慧的课堂。

再次，智慧德育的实施需要德育智慧。智慧德育的顺利实施关键在于教师的德育智慧，在于智慧型教师作用的发挥。智慧型教师具有学识魅力和人格魅力，能够与学生建立起和谐的师生关系。在德育过程中，智慧型教师既精于道德知识的传授，更善于培养学生的道德智慧。智慧型教师既注意培养学生的实践能力，又注重提升学生的精神境界。这就需要我们塑造一支具有高尚师德、智慧品格、创新理念的智慧型教师队伍。

最后，需要指出的是，虽然智慧德育强调学生与教师智慧的生成与发展，我们也重点探讨了学生道德智慧的培养，但这并不意味着可以轻视德育内容。学生道德智慧的发展是在理解和掌握德育内容的基础上实现的，智慧德育强调学生在教师的引导下，通过各种形式的自主活动实现道德智慧发展，强调学生在各种自主活动中理解和掌握德育内容，同时获得道德智慧发展。智慧德育的实施要力戒陷入脱离具体内容而单纯培养道德智慧的形式主义德育的误区。

二　本书研究的基本情况以及需要说明的问题

通过研究，我们对智慧、道德智慧已经有了一些粗浅的认识。智慧是人心灵的一种活动，它包括对人生的深刻感悟，对事理的准确洞晓，对价值的终极把握以及人性本身的激荡和灵动。“因为创造，智慧才富有活力；因为生命，智慧才得以润泽。”①

智慧的本质与德育的本性形成了内在的契合。智慧性是德育的重要属性，智慧是研究德育所必须关注的一个基本问题。智慧不仅是德育的一种实践形态，不仅是对德育所进行的一种哲学观照，也是德育的一个本体性问题。德育从一定意义上来看就是培育学生道德智慧的活动。从这个意义上来看，本书的研究做了具有一定创新性的工作，即在“万变”中寻“宗”，让德育研究回到“智慧”这个基本问题上来。智慧德育要让每个学生都充分张扬个性，能够独立进行道德思考、判断、选择、实践，形成自己的道德智慧；要让学生真正把道德学习当作一种乐趣、一种享受和一种幸福；要让学生自己教育自己，努力完善自己道德人格。归根到底，智慧德育是用教师的智慧之火点燃学生的道德智慧之火，并使之熊熊燃烧。

此外，对于智慧德育的研究要避免几种错误的倾向：第一，智慧德育在追求合理性的同时要避免对德育客观性的忽视，防止陷入道德相对主义的陷阱。遵循德育规律，本身就是一种德育智慧的体现。第二，智慧德育为教师提供了一种自由的德育选择，但这种自由的选择绝不是无原则的。世界上没有无限定的自由，教师必须要认清自己能够拥有自由的种类和范围。第三，智慧德育是一种境界和情怀，而不是教师对付学生的“雕虫小技”，要避免教师德育技巧的“滥用”。德育的智慧用于提升德育实践实效性，而不是为了凸显教师个人和对付学生。

三　问题研究前景展望

对智慧的追求是无止境的，本书体现了作者对德育智慧的精神诉求。书中所作的只是很有限的研究，但这却是有意义的。正是有了无数有限的研究，才构成了智慧德育的不断完善。智慧德育的研究尚未完成，但是本书毕竟开了一个头，今后有关智慧德育的研究将会继续朝着下面几个方向

---

①　王枬：《智慧型教师的诞生》（后记），教育科学出版社2006年版，第310页。

展开。

（1）深入探索智慧型德育课堂的构建

课堂是教育者和学生交流对话的地方，是通过对话不断寻求智慧的地方。智慧德育的价值导向规定了其课堂活动是指向学生的生命和道德智慧成长的。我们要尝试从教育者与学生的关系、教授与学习的关系以及过程和结果的关系等维度来探讨智慧型课堂的建构，使智慧型课堂成为自然、和谐、可持续发展的生态型课堂，成为开放、互动、多元的活动型课堂，成为科学、个性、创新的特色化课堂。这是今后对智慧德育进一步深入研究的一个方向。

（2）进一步研究如何培养学生的道德智慧

培养学生的道德智慧是智慧德育的中心任务，是一项极其复杂的系统工作。本书对培养学生的道德智慧虽有了一定的研究，但尚有许多有价值的问题需要我们进一步探索。首先，德育应如何实现道德与智慧的有机转化，及“化道德为智慧”，“化智慧为道德”。其次，如何在真实的道德情境中培养学生的道德智慧，这里主要是指引导学生在应对道德事件和化解道德冲突中来提高自身的道德智慧水平。最后，研究学生道德智慧的生成机制，帮助学生在探究性道德学习中提升道德能力，生成道德智慧。

（3）开辟后现代思潮中研究智慧德育的新视角

立足于批判现代性危机的后现代主义，目前已成为当代西方流行的一种综合性的社会文化思潮，其志在摧毁传统封闭、简单、僵化的惯性思维方式。在德育领域内，后现代主义的批判指向现代性的道德危机和传统德育的无奈。将后现代思潮批判性地引入德育研究领域，可以更加深刻地揭露德育实践中的形而上学弊端，同时说明道德认识论方面原先预设观点的脆弱性，剖析传统德育中的种种偏见。后现代思潮在一定程度上与智慧德育思想有着内在的媾和，为智慧德育的深入研究提供了新的视角。

最后，请允许我引用怀特海的几句话，作为本书的结尾：

“在这里，我必须提醒你们不要忘记那个脍炙人口的东方国王的故事。他在梦幻中选择了智慧，因为他觉得智慧本身强似东方的奇珍异宝。……大自然总是为智慧聪颖的人打开它的秘密……一个民族，只有热爱智慧，才能获得智慧。”

参考文献

一　著作

《毛泽东选集》第1—4卷，人民出版社1991年版。

《邓小平文选》第1—3卷，人民出版社1994年版。

《江泽民文选》第1—3卷，人民出版社2006年版。

《胡锦涛文选》第1—3卷，人民出版社2016年版。

《列宁选集》第1—4卷，人民出版社1995年版。

《马克思恩格斯选集》第1—4卷，人民出版社1995年版。

《习近平谈治国理政》（第2卷），外文出版社2017年版。

《习近平谈治国理政》，外文出版社2014年版。

《习近平总书记系列重要讲话读本》，人民出版社2016年版。

《决胜全面建成小康社会　夺取新时代中国特色社会主义伟大胜利——在中国共产党第十九次全国代表大会上的报告》，人民出版社2017年版。

班华：《现代德育论》，安徽人民出版社2001年版。

北京大学哲学系外国哲学史教研室：《西方哲学原著选读》，商务印书馆2005年版。

卞闵：《哲学与道德智慧》，江苏古籍出版社2002年版。

陈谷嘉、朱汉民：《中国德育思想研究》，浙江教育出版社1998年版。

程斯辉：《创新型教师》，东方出版社2001年版。

范树成：《当代学校德育范式转换与走向研究》，人民出版社2011年版。

范树成：《德育过程论》，中国社会科学出版社 2004 年版。

冯建军：《当代主体教育论——走向类主体的教育》，江苏教育出版社 2004 年版。

高德胜：《生活德育论》，人民出版社 2005 年版。

高德胜：《知性德育及其超越——现代德育困境研究》，教育科学出版社 2003 年版。

高清海等：《人的“类生命”与“类哲学”——走向未来的当代哲学精神》，吉林人民出版社 1998 年版。

高兆明：《伦理学理论与方法》，人民出版社 2005 年版。

郝兰奇：《文化育人理念与实践》，中州古籍出版社 2006 年版。

黄向阳：《德育原理》，华东师范大学出版社 2000 年版。

黄志成：《西方教育思想的轨迹》，华东师范大学出版社 2008 年版。

金雁、杨柳：《和谐德育论》，中国社会科学出版社 2008 年版。

金忠明、张彦杰：《和谐教育：文化意蕴与学校实践》，上海教育出版社 2010 年版。

靖国平：《教育的智慧性格：兼论当代知识教育的变革》，湖北教育出版社 2004 年版。

冷浩然：《思想政治工作中的哲学问题》，上海人民出版社 1997 年版。

李爱玲、彭育东：《让学生沐浴生命的光辉》，湖北科学技术出版社 2011 年版。

联合国教科文组织教育丛书：《教育——财富蕴藏其中》，教育科学出版社 1996 年版。

刘吉林：《教育智慧引论》，山东教育出版社 2009 年版。

刘卓红、钟明华：《开放德育论》，人民出版社 2008 年版。

鲁洁：《超越与创新》，人民教育出版社 2001 年版。

鲁洁：《道德教育的当代论域》，人民出版社 2005 年版。

鲁洁：《德育社会学》，福建教育出版社 2002 年版。

鲁洁、王逢贤：《德育新论》，江苏教育出版社 2010 年版。

戚万学：《冲突与整合——20 世纪西方道德教育理论》，山东教育出版社 1996 年版。

戚万学、唐汉卫：《现代道德教育专题研究》，教育科学出版社 2007

年版。

任顺元：《师德概论》，浙江大学出版社 2005 年版。

石中英：《教育哲学导论》，北京师范大学出版社 2004 年版。

孙彩平：《道德教育的伦理谱系》，人民出版社 2005 年版。

檀传宝：《德育美学观》，山西教育出版社 1996 年版。

唐汉卫、戚万学：《现代学校道德教育的问题与思考》，山东教育出版社 2008 年版。

陶行知：《陶行知全集》，湖南教育出版杜 1985 年版。

王德有：《智慧论》，中国青年出版社 1993 年版。

王枏等：《智慧型教师的诞生》，教育科学出版社 2006 年版。

王攀峰：《走向生活世界的课堂教学》，教育科学出版社 2007 年版。

王平杰、朱永健：《教育智慧与教育机智》，新疆青少年出版社 2009 年版。

王萍：《教育现象学：方法及应用》，教育科学出版社 2012 年版。

王清平：《放眼生命的成长：品德与生活、品德与社会教学新视野》，广东教育出版社 2005 年版。

韦兆钧：《当代德育的人学解读》，广西人民出版社 2008 年版。

魏贤超：《德育课程论》，黑龙江教育出版社 2004 年版。

吴安春：《回归道德智慧——转型期的道德教育与教师》，教育科学出版社 2004 年版。

吴东方：《复杂性理论关照下的教育之思》，教育科学出版社 2014 年版。

吴康宁：《教育社会学》，人民教育出版社 1998 年版。

项贤明：《泛教育论——广义教育学的初步探索》，山西教育出版社 2004 年版。

朱小蔓：《对策与建议——2003—2004 年度教育热点、难点问题分析》，教育科学出版社 2004 年版。

朱小蔓：《情感德育论纲》，人民出版社 2007 年版。

朱银端：《网络道德教育》，社会科学文献出版社 2007 年版。

叶澜：《新基础教育探索性研究报告集》，生活·读书·新知三联书店 1999 年版。

袁本新等：《人本德育论》，人民出版社 2007 年版。

张汝伦：《历史与实践》，上海人民出版社 1995 年版。

张天宝：《走向交往实践的主体性教育》，教育科学出版社 2005 年版。

张祥龙、杜小真、黄应全：《20 世纪西方哲学东渐史：现象学思潮在中国》，首都师范大学出版社 2002 年版。

张耀灿等：《现代思想政治教育学》，人民出版社 2006 年版。

张一笑：《智慧教育》，山西经济出版社 2007 年版。

《大学》，中华书局 2015 年版。

《论语》，岳麓书社 2000 年版。

《老子》，上海古籍出版社 2013 年版。

《孟子》，岳麓书社 2000 年版。

《墨子》，山西古籍出版社 2003 年版。

《王文成公全书》，中华书局 2015 年版。

《尚书引义》，中华书局 1989 年版

《中庸》，中华书局 2015 年版。

《周易》，中华书局 2011 年版。

《朱子文集》，商务印书馆 1936 年版。

《庄子》，山西古籍出版社 2001 年版。

《荀子》，岳麓书社 2000 年版。

二　译著

［德］埃德蒙德·胡塞尔、克劳斯·黑尔德：《现象学的方法》，倪梁康译，上海译文出版社 2005 年版。

［法］埃德加·莫兰：《复杂性思想导论》，陈一壮译，华东师范大学出版社 2008 年版。

［德］爱因斯坦：《爱因斯坦文集（第一卷）》，许良英、范岱年译，商务印书馆 1979 年版。

［苏］巴拉诺夫等：《教育学》，李子卓等译，人民教育出版社 1983 年版。

［古希腊］柏拉图：《理想国》，吴献书译，北京联合出版社 2013 年版。

［古希腊］柏拉图：《苏格拉底的最后日子——柏拉图对话集》，余灵

灵、罗林平译，生活·读书·新知三联书店1987年版。

［美］大卫·雷·格里芬：《后现代精神》，王成兵译，中央编译出版社1999年版。

［美］杜威：《确定性的寻求》，傅统先译，上海人民出版社2004年版。

［美］杜威：《我们怎样思维·经验与教育》，姜文闵译，人民教育出版社1991年版。

［美］杜威：《民主主义与教育》，陶志琼译，中国轻工业出版社2014年版。

［美］盖尔曼：《蔚蓝的思维——科学人文读本》，杨建邺、李湘莲译，湖南科学技术出版社1998年版。

［德］汉斯-格奥尔格·伽达默尔：《科学时代的理性》，薛华等译，国际文化出版公司1988年版。

［美］赫伯特·施皮格伯格：《现象学运动》，王炳文、张金言译，商务印书馆1995年版。

［德］黑格尔：《小逻辑》，贺麟译，商务印书馆1981年版。

［美］华勒斯坦等：《学科·知识·权力》，刘健芝等译，生活·读书·新知三联书店1997年版。

［英］怀特海：《教育的目的》，徐汝舟译，生活·读书·新知三联书店2002年版。

［美］霍华德·加德纳：《多元智能》，沈致隆译，新华出版社1999年版。

［英］卡尔·波普尔：《通过知识获得解放》，范景中、李正本译，中国美术学院出版社1996年版。

［德］康德：《实践理性批判》，邓晓芒译，人民出版社2003年版。

［法］卢梭：《爱弥儿》（上、下卷），李平沤译，人民教育出版社2001年版。

［德］马丁·海德格尔：《存在与世间》，陈嘉映、王庆节译，生活·读书·新知三联书店1987年版。

［德］马克斯·舍勒：《人在宇宙中的地位》，沈国庆译，上海文化出版社1989年版。

［加］马克斯·范梅南：《教学机智——教育智慧的意蕴》，李树英

译，教育科学出版社 2001 年版。

［美］马斯洛：《自我实现的人》，许金声等译，生活·读书·新知三联书店 1987 年版。

［美］马斯洛：《人性能达到的境界》，林芳译，云南人民出版社 1987 年版。

［英］麦金太尔：《德性之后》，龚群等译，中国社会科学出版社 1995 年版。

［美］帕克·帕尔默：《教学勇气：漫步教师心灵》，吴国珍译，华东师范大学出版社 2005 年版。

［比］普利高津：《探索复杂性》，罗久里译，四川教育出版社 1986 年版。

［瑞］让·皮亚杰：《智慧心理学》，洪宝林译，中国社会科学出版社 1992 年版。

［苏］苏霍姆林斯基：《帕夫雷什中学》，赵玮等译，教育科学出版社 1983 年版。

［苏］苏霍姆林斯基：《怎样培养真正的人》，蔡汀译，教育科学出版社 1992 年版。

［苏］苏霍姆林斯基：《给教师的建议》，杜殿坤译，教育科学出版社 1984 年版。

［美］维克多·维拉德-梅欧：《胡塞尔》，杨富斌译，中华书局 2002 年版。

［美］小威廉·E. 多尔等：《混沌、复杂性、课程与文化：一场对话》，余洁译，教育科学出版社 2014 年版。

［德］雅斯贝尔斯：《时代的精神状况》，王德峰译，上海文艺出版社 2003 年版。

［德］雅斯贝尔斯：《什么是教育》，邹进译，生活·读书·新知三联书店 1991 年版。

［古希腊］亚里士多德：《尼各马科伦理学》，苗力田译，人民大学出版社 2003 年版。

［古希腊］亚里士多德：《形而上学》，吴寿彭译，商务印书馆 1959 年版。

三　论文

蔡灿新：《教育本体论研究的转向与教育本质的复杂性——复杂思维方式视野中的教育本体论研究》，《教育理论与实践》2006 年第 9 期。

陈桂生：《聚焦“德育目标”》，《教育发展研究》2008 年第 15—16 期。

陈桂生：《也谈“智慧型教师”》，《江西教育科研》2004 年第 5 期。

陈永森：《关于理性和非理性的辩证关系》，《福建师范大学学报》（哲学社会科学版）1991 年第 3 期。

成尚荣：《寻找道德教育智慧的源头》，《课程·教材·教法》2006 年第 5 期。

成尚荣：《智慧教育：教育的智慧选择》，《教育参考》2004 年第 12 期。

杜时忠：《德育功能层论——兼评德育功能研究》，《华中师范大学学报》（哲学社会科学版）1997 年第 3 期。

樊浩：《道德理性与生命智慧》，《人文杂志》1998 年第 5 期。

方军：《黑箱方法与道德教育》，《北京师范大学学报》（哲学社会科学版）1986 年第 5 期。

冯建军：《改革开放四十年中国德育的转型发展》，《南京社会科学》2018 年第 4 期。

冯契：《智慧的探索：〈智慧说三篇〉导论》，《学术月刊》1995 年第 6 期。

冯文全：《德育如何做到“以人为本”——马克思恩格斯人的本质观的现代启示》，《教育探索》2008 年第 12 期。

冯文全：《学校德育目标的分层研究》，《教师教育研究》2004 年第 11 期。

高德胜：《生活德育：境遇、主题与未来》，《教育研究与实验》2012 年第 3 期。

郭林、蒋喜华：《德知·德情·德行——道德与法治课程的德育价值及其实现路径》，《中小学德育》2018 年第 2 期。

韩庆祥：《“以人为本”的科学内涵及其理性实践》，《河北学刊》2004 年第 5 期。

胡潇：《论自思的形成及其对理性智慧的发生学意义》，《湖南师范大学社会科学学报》2002 年第 26 期。

黄甫全：《素质教育悖论》，《北京师范大学学报》（哲学社会科学版）1996 年第 5 期。

李清雁、易连云：《儿童道德智慧的养成》，《学前教育研究》2009 年第 5 期。

李太平：《德育功能·德育价值·德育目的》，《湖北大学学报》（哲学社会科学版）1999 年第 11 期。

梁爱蕴：《论道德智慧与德性的辩证关系》，《学校党建与思想教育》2012 年第 2 期。

刘宏达：《新时代思想政治教育的历史使命、理论基础与实践要求》，《学校党建与思想教育》2017 年第 12 期。

龙兴海：《从传统道德到现代道德——道德转型论》，《湖南师范大学社会科学学报》1996 年第 4 期。

卢家楣：《论情感教学模式》，《教育探索》2006 年第 12 期。

鲁洁：《边缘化 外在化 知识化——道德教育的现代综合症》，《教育研究》2005 年第 12 期。

鲁洁：《道德教育的根本作为：引导生活的建构》，《教育研究》2010 年第 6 期。

吕承文、田东东：《熟人社会的基本特征及其升级改造》，《重庆社会科学》2011 年第 11 期。

马健生、张东娇：《普遍道德教育与德性混沌——兼论教育目的的社会本位与个人本位》，《清华大学教育研究》2000 年第 4 期。

彭文晓：《教育智慧论》，《学术论坛》2007 年第 3 期。

钱广荣：《关于伦理道德与智慧》，《伦理学原理研究》2003 年第 1 期。

佘双好：《新时期思想政治教育学科建设的价值指针——学习习近平总书记关于思想政治工作的论述》，《马克思主义理论学科研究》2017 年第 1 期。

宋孝忠：《走向智慧教育》，《教育研究与实践》2005 年第 2 期。

孙彩平：《小学德育教材中儿童德育境遇的转变及其伦理困境》，《华东师范大学学报》（人文社会科学版）2016 年第 5 期。

孙丽华：《开放的课堂》，《山东工业大学学报》（社会科学版）2000年第4期。

谭维智：《混沌理论在道德教育中的运用》，《国家教育行政学院学报》2011年第3期。

檀传宝：《德育功能简论》，《中国教育学刊》1999年第10期。

檀传宝：《对德育主体及其作用的几点认识》，《湖南师范大学教育科学学报》2002年第6期。

檀传宝：《论德育的功能》，《中国德育》（第三卷）2008年第9期。

唐汉卫：《学校德育改革应该确立的四种意识》，《教育研究》2017年第6期。

田慧生：《时代呼唤教育智慧及智慧型教师》，《教育研究》2005年第2期。

王嘉毅、李志厚：《论体验学习》，《教育理论与实践》2004年第12期。

吴彤：《科学哲学视野中的客观复杂性》，《系统辩证学学报》2001年第4期。

吴岳军、王明芳：《基于耗散结构理论对道德教育过程预设与生成的思考》，《学校党建与思想教育》2012年第26期。

吴志宏：《呼唤有智慧的教育》，《教育参考》2001年第4期。

《习近平在全国高校思想政治工作会议上强调：把思想政治工作贯穿教育教学全过程开创我国高等教育事业发展新局面》，《人民日报》2016年12月9日。

习近平：《在哲学社会科学工作座谈会上的讲话》，《人民日报》2016年5月19日。

向玉乔：《论道德智慧》，《伦理学研究》2014年第5期。

肖爱芝：《对人本主义心理学思想的诠释》，《教育研究实验》2009年第2期。

肖群忠：《智慧、道德与哲学》，《北京大学学报》（哲学社会科学版）2012年第1期。

徐长福：《是、应该与做——对解释世界、规范世界与改变世界诸问题的形上离析》，《哲学动态》2001年第10期。

徐冬青：《教育哲学：寻找教育智慧》，《教育参考》2001年第8期。

严蔚刚、张澍军：《从耗散结构理论看思想政治教育》，《思想教育研究》2010 年第 3 期。

杨翠娥：《论教师的道德智慧》，《教育探索》2009 年第 9 期。

杨国荣：《论实践智慧》，《中国社会科学》2012 年第 4 期。

杨叔子：《是“育人”非“制器”——再谈人文教育的基础地位》，《河北科技大学学报》（社会科学版）2001 年第 6 期。

叶澜：《世纪初中国教育理论发展的断想》，《华东师范大学学报》（教科版）2001 年第 1 期。

易法建：《论道德认知》，《求索》1998 年第 3 期。

易小明、吴昌强：《意志、道德意志、善良意志》，《学术交流》2010 年第 12 期。

张楚廷：《论道德智慧》，《当代教育论坛》2004 年第 11 期。

张济洲、黄书光：《美德是否可教——论苏格拉底的德性教化》，《教育研究》2013 年第 4 期。

张江波：《儒家仁学思想及其当代价值研究——基于现代思想政治教育视域的分析》，博士学位论文，兰州大学，2017 年。

张茂聪：《道德智慧：生命的激扬与飞跃》，《教育研究》2005 年第 11 期。

张汝伦：《重思智慧》，《杭州师范大学学报》2015 年第 5 期。

张澍军：《论思想政治教育的历史定位与运行特征》，《教育研究》2015 年第 4 期。

张亚珍、张宝辉、韩云霞：《国内外智慧教室研究评论及展望》，《开放教育研究》2014 年第 2 期。

左亚文、张恒赫：《哲学智慧的智慧追问》，《湖北社会科学》2014 年第 1 期。

四 外文文献

Allen C. W. , The Primacy of Phronesis：A Proposal for Avoiding Frustrating Tendencies in Our Conceptions of Rationality. *Journal of Religion*, 1989, 69 (3).

Anthony Giddens, *The Consequences of Modernity*. Stanford University Press, 1990.

Anthony Giddens. *The Constitution of Society. Berkeley*: University of California Press, 1984.

Carr, W. & Kemmis, S., *Becoming Critical: Education, Knowledeg and Action Research.* The Falmer Press, 1986.

DFEE. *Taking Envirenmental Education into the 21st Century.* Londern: HMSO, 1996.

Harvey D. Justice. *Nature and the Geography of Difference.* Blackwell Publisher Inc., 1996.

Hirst, P. H. *Moral Education in a Secular society.* Notional Children's Inc, 1976.

Hole, S. & McEntee, *G. Reflection is at the heart of practice.* Educational Leadershiip, 1999, 56 (8).

Jacque Derrida. *Speech and Phenomena, trans.* David Allison, Evnston: Northwestern University Press, 1973.

John Deway. *Moral Principles in Education.* Carbondale: Sourthern ILLonois University Press, 1975.

J. S. Chellenberg. *Masters of Soeial Psyehology.* Oxford University Press, 1978.

Kneller, G. F. *Movement of Thought in Modern Education* John. Wiley & Sons, Inc., 1984.

Lakoff, G. & M. Johnson. Metaphors. *We Live by.* Chicago: The University of Chicago Press, 1980.

Langeveld, M. J. (1988). *The scientific nature of pedagogy.* Translated and editedby Max van Manen. From Langeveld, M. J. Bekn. opte Theoretische Pedagogiek. Groningen: Wolter-Noordhoff.

L. D. Wacquant. Towards a Reflexive Sociology: A Workshop with Pierre Bourdieu. *Sociological Theory*, 1989 (7).

Maria Eulina P. de Carvalho, *Rethinking family - school relations: a critique of parental invovlment in schooling.* Lawrence Erlbaum Associates Inc. Publishers, 2001.

Peter, R. S. *The Concept of Education.* Routledge & Kegan Paul, 1979.

Power, E. J. *Phlosophy of Education: Studies in Philosophies*, Schooling, and Educational Policies. Prentice-Hall, Inc. , 1982.

P. Bourdieu, L. D. Wacquant. *An Invitation to Reflexive Sociology*. The University of Chicago Press, 1992.

Richard Rorty. *Philosophy and the Mirror of Nature*. Princeton: Princeton University Press.

Watson, B. *The Columbia book of Chinese poetry: From early times to the thirteenth century*. (Trans and ED). New York: Columbia University Press, 1994.

"*Wisdom*", *in The Encyclopedia of Philosophy* (2nd Ed.). Macmillan Reference USA, 1996.

后　记

每一个时代都有自己的德育理想，而理想的德育却不易得。时至今日，社会各界对于学校德育啧有烦言。在社会迅速变革的时代，人们越来越认识到道德、德育的重要性。提高德育的效果，是每一位德育理论研究者和德育工作者始终如一的追求。智慧德育是以通过智慧的德育方式培养学生道德智慧为核心的德育理念和实践范式，它通过对智慧内在本质和特点的把握，来指导德育的价值追求和实践建构，使德育的智慧本性得以回归，努力建构起适应现代社会和现代德育要求的新的德育理念。

本书以我的博士学位论文《智慧德育研究》为基础进行修改，获得石家庄学院博士科研启动基金项目立项（编号：19BS005），是该项目的结项成果。付梓之际，感触颇多。本书能够顺利问世，是大家帮助和支持的结果。

本书的选题是在导师范树成教授的引导和启发下完成的，在研究过程中，范老师以深邃的思想、宽阔的视野、豁达的胸怀和饱满的热情给了我巨大的支持和指导，倾注了大量心血。谈智慧，思智慧，我恰恰在各位老师那里获得了生命和思想的智慧之光。除了范树成老师之外，王莹教授、田秀云教授的深刻思想对我成长与发展有着重要的启发；李素霞教授、张继良教授在本书的结构和论证方法等方面也给予了很多指导；陶艳华教授和张艳玲教授则帮助我对本书中的相关概念和观点进行推敲，使我受益匪浅。还有李建强教授、王凤鸣教授、杨欢进教授、张骥教授、任广浩教授、代俊兰教授、申文杰教授、王玉平教授等的悉心指导，在此一并表示感谢。

此外，本书内容还参考借鉴了国内其他著名学者，如鲁洁教授、戚万学教授、田慧生教授、钟启泉教授、班华教授、朱小蔓教授、高德胜教授等的研究成果，在此对有关学者表示深深的敬意，并请恕不能在此一一注明。

最后，还要感谢我的家人和朋友们，感谢石家庄学院的领导和同事们。杨鑫老师对本书研究内容的确定和章节结构的编排提出了科学、合理的建议；贾立敏老师长期从事德育工作，为本研究提供了宝贵的资料；张子麟老师在研究前期的资料采集、梳理与汇总中做了大量工作；杜凌飞老师在后期的书稿校对工作上也付出了艰辛的劳动。在本书写作过程中，他们给我提供了巨大的支持与鼓励，使我在一个宽松和谐的氛围中，能够专心致志、心无旁骛地在研究和探索的道路上奋勇前行。

德育理论研究本身就是一项无限的事业，本书所提出的智慧德育也只能算是取得了一些阶段性或者起始性的心得。这些心得虽然微小、稚嫩，称不上深邃的思想，更算不上先见的觉知，但它确是实在的、有生命力的。它伴随着我近些年学术思想的成长和成熟，伴随我度过了许多美好的难忘时光。它忠实地记录了我不懈的追求和梦想，更完整地呈现了我在德育研究道路上学步的脚印，收藏着我心灵感悟的点点滴滴。唯其艰难，才更显勇毅；唯其笃行，才弥足珍贵。

“不忘初心，牢记使命。”让我们回归德育的最初本意，不断推动德育理论的繁荣与发展。囿于笔者水平，本书尚存在许多疏漏与不当之处，感谢关心本书的各界人士提出宝贵的意见。

热爱智慧，追求智慧，用我全部的激情与生命！

姜　浩

2020 年 3 月 12 日